Jürgen-Ulrich Ebel
Deutsche Gesellschaft für Eisenbahngeschichte e.V. (Hg.)

Zugkraft für das Wirtschaftswunder

Die Entstehung der Neubaudampfloks im Bild

Umschlagabbildungen

Titelbild: Paradebild der Ende September 1951 fertiggestellten 82 035 vor der Montagehalle der Maschinenfabrik Esslingen.

Seite 3: Einachsen der 82 033. Unter der Lok steht die einbaufertige Radsatzgruppe, die Arbeiter müssen unter schwebender Last die Achsen maßgenau ausrichten und eventuell falsch liegende Anbauteile zur Seite drücken. (siehe Seite 99 in diesem Buch)

Deutsche Nationalbibliothek – CIP Einheitsaufnahme

ISBN: 978-3-937189-37-6

Alle Rechte vorbehalten. Der Nachdruck – auch einzelner Teile – ist nicht gestattet. Vervielfältigung und Verbreitung sind ohne vorher eingeholte schriftliche Genehmigung des Verlags unzulässig und strafbar.

1. Auflage 2009

Herstellung: DGEG Medien GmbH

Druck und Verarbeitung: Bonifatius Druck, Paderborn

© DGEG Medien GmbH,
Nordstraße 32, 33161 Hövelhof – www.dgeg.de

Inhalt

Vorwort 4

Dampfloks für das Wirtschaftswunder? 6

Baureihe 23 14

Baureihe 65 52

Baureihe 82 80

Baureihe 66 102

Baureihe 10 126

Technische Daten im Vergleich 159

Vorwort

Die fünfziger Jahre waren eine schöne Zeit. Es ging aufwärts, man ging freundlich miteinander um, am Sonntag gab es Braten, und den Ausflug unternahm man noch mit der Eisenbahn. Am Zielbahnhof angekommen ging man spazieren, besuchte historische Stätten, und um 15.30 Uhr war es Zeit für Kaffee und Kuchen. „Pünktlich wie die Eisenbahn" – das war kein billiger Slogan, sondern selbstverordnete Verpflichtung. Keine Kritik gab es, wenn man die Zugfahrt auf immerhin körpergerecht geformten Lattenbänken im 40 Jahre alten Abteilwagen antrat und die vorbeihuschende Welt aus den schmalen Fensterchen gar nicht recht genießen konnte. Man freute sich an den gepflegten Blumenrabatten am Bahnsteigrand, übersah die grauen Bahnhöfe, nahm höchstens Anstoß, wenn der helle Sommeranzug mit dem allgegenwärtigen Kohlenruß verschmutzt wurde. Alltag vor fast 60 Jahren. Und plötzlich die Überraschung: Eine Lokomotive rollt langsam, lautlos an den Zug. Von völlig ungewöhnlichem Aussehen, schon im Stehen „schnell", tiefglänzend das Schwarz, frisch leuchtend das Rot, silberne Ringe um den Kessel, goldleuchtende Schilder – 23 001!

Schwer fällt es, sich in die Gefühle von „Otto Normalverbraucher" im Jahr 1951 zurückzudenken. In das, was ihm in den 1930er Jahren das Hirn vergiftet hatte, Fronteinsatz, Bombenkrieg, das anschließende Gefühl, völlig am Boden zu liegen, keine Zukunft zu haben, dann das neue Geld, der sich wieder einspielende Alltag, die ersten Anschaffungen, der Sonntagsausflug. Und nun Sie. Der Zeitgenosse schaute sich ganz genau an, was die junge Bundesbahn plötzlich wie aus dem Nichts hervorzauberte: erste moderne Reisezugwagen mit Polstersitzen auch in der 3. Klasse, die Schienenbusse, und eben sie, eine moderne Lokomotive. Noch wirkte sie mit ihren wie nach vorne in die Luft greifenden Windleitblechen zwischen all dem Alten, Düsteren, Rumpelnden völlig ungewohnt. Sie war die Botin der neuen Zeit: in Technik und Machart auf der Höhe der Zeit, im Auftreten eindrucksvoll. „Fahrt mit", schien sie von hoch oben den auf dem Bahnsteig Starrenden zuzurufen, bevor sie sich vor ihrem Schnell- oder Eilzug mit knallendem Auspuffschlag eilends davon machte. Wer unter den Zeitgenossen spürte da nicht ein unbestimmtes, auch persönliches Gefühl der Zufriedenheit! Man war zwar noch nicht wieder wer, aber es gab die ersten kleinen Anlässe, wieder stolz zu sein, auf das in so kurzer Zeit auf Schutt und Asche wieder Errichtete. Gab es dafür ein besseres Symbol als die Lokomotive?

Stolz war es auch, der die Lokomotivfabriken beflügelte. Die Zeit der drohenden Pleite war vorbei, die Auftragsbücher füllten sich. Noch fühlten sich Unternehmer, Ingenieure und Arbeiter wie eine Familie. 40 Jahre Betriebs-

Nur einmal sind alle fünf Neubaudampflok-Typen der DB direkt nebeneinander zu sehen gewesen, nämlich anlässlich des Doppeljubiläums „40 Jahre DGEG – 30 Jahre Eisenbahnmuseum Bochum-Dahlhausen", das Ende April/Anfang Mai 2007 in Bochum-Dahlhausen gefeiert wurde.

zugehörigkeit waren nicht die Ausnahme, sondern die Regel. Natürlich kannte man sich. Und fühlte sich auf altmodische Weise verantwortlich als „Kruppianer" oder „Henschelaner". Untereinander bekannt waren natürlich auch die führenden Ingenieure in der Industrie und bei der Bundesbahn. Häufig genug hatte man in den 1920er Jahren zusammen studiert. Der Kreis war überschaubar, und das verbindende Glied war die bei vielen weit über den Beruf hinausgehende Liebe zur Lokomotive. So war es für die Lokomotivbauer nach getaner Arbeit eine Selbstverständlichkeit, den Maschinentechnischen Referenten in der DB-Hauptverwaltung Friedrich Flemming oder den Bauartdezernenten im Bundesbahnzentralamt Minden Friedrich Witte mit Fotoalben zu erfreuen, in denen wie im Familienalbum auf meist schwarzem Papier der Bau der Lokomotiven vom ersten Rahmenblech bis zur Probefahrt gezeigt wurde. Was heute widersinnig erscheint – moderne Produktionsmethoden für eine bereits völlig veraltete Technik – konnte der Zeitgenosse so nicht sehen, denn die Dampfkraft war keineswegs am Ende. Nur sie war einstweilen serienreif, einfach und preiswert. So waren Stolz und Hoffnung von Auftraggeber und Hersteller echt. Niemand hätte 1951 den rasanten Aufschwung vorhergesagt.

Einige dieser heute wertvollen Dokumente aus der Zeit des zaghaft beginnenden Wirtschaftswunders wurden von der Familie des 1977 verstorbenen Friedrich Witte an die Deutsche Gesellschaft für Eisenbahngeschichte übereignet. Da die Bilddokumente auch durchwegs hohen fotografischen Ansprüchen genügen, erschien es reizvoll, zum ersten Mal eine nahezu geschlossene Bilddokumentation über den Bau der fünf Baureihen von Neubau-Dampflokomotiven vorzulegen. Einige bei Krupp aufgenommene Fotos aus dem DGEG-Archiv stammen von Manfred van Kampen (†). Für die Ausleihe weiterer Bilder ist Wolfgang Clössner, Alfred Gottwaldt und Ulrich Budde zu danken. Die Aufstellung auf S. 159 wurde erstmals im Sonderjournal „DB-Neubaudampfloks" abgedruckt.

Beschrieben wird hier auch ein verschwundener Bereich der Industriegeschichte, denn nur in zweien der damals am Bau der Neubaudampfloks beteiligten Betriebe werden noch heute Schienenfahrzeuge hergestellt. Den namenlosen Männern, die mit einfachen, teils brachialen Werkzeugen diese Lokomotiven erbauten, möge dieses Buch ebenfalls ein kleines Denkmal setzen.

Dass die als beste Neubaudampflok-Konstruktion geltende Baureihe 66 von der DGEG erhalten wird, ist Zufall, aber auch Verpflichtung. Diese zu unterstützen ist ebenfalls Aufgabe dieses Bildbandes.

Telgte, im Herbst 2008
Jürgen-Ulrich Ebel

Einleitung

Dampflokomotiven für das Wirtschaftswunder?

Nicht recht zu beantworten ist diese Frage, denn als die Neubaudampflokomotiven konstruiert wurden, deutete aber auch gar nichts auf ein solches Wunder hin. Dementsprechend karg fielen sie anfänglich aus. Als die Wirtschaft brummte und das Wirtschaftswunder da war, war es dann schon vorbei mit dem Bau neuer Dampfloks.

Friedrich Witte, ihn muss man zuallererst erwähnen, wenn die Geschichte der Neubaudampfloks beschrieben werden soll. In viel höherem Maße als sonst hatten in dieser Geschichte „handelnde Personen" die Möglichkeiten, persönlichen Geschmack einzubringen und umzusetzen. Friedrich Witte war keineswegs der „Entscheider", doch bestimmte er Technik und Aussehen der ersten drei Neubaudampflok-Baureihen entscheidend.

Der Göttinger Schrankenwärtersohn war seit jungen Jahren der Dampflok verfallen und kam nach Studium und Praktikum in das von Richard-Paul Wagner geleitete Bauartdezernat für Dampf- und Motorlokomotiven im Reichsbahn-Zentralamt (RZA) Berlin. Den fleißigen jungen Mann schätzte Wagner und baute ihn als möglichen Nachfolger auf. Viele von Wagners Veröffentlichungen waren tatsächlich von Witte konzipiert, und frühzeitig durfte er auch als Koautor auftreten. Der kühle Niedersachse konnte mit dem Gesellschaftslöwen Wagner privat wenig anfangen und geriet, je fundierter er ausländische Bauarten studierte, langsam auch in beruflichen Widerspruch zu ihm. Der Zwist allerdings wurde nicht ausgetragen, da Witte 1932 zum Leiter des Maschinentechnischen Referats der Reichsbahn-Hauptverwaltung Friedrich Fuchs versetzt wurde, der Wagner vorgesetzten Dienststelle. Im Folgejahr übernahm Witte die Leitung des Maschinenamtes Berlin 3, und 1934 wurde er in den Lokomotivausschuss berufen. Witte war nun Mitte 30 und hatte dienstlich nichts mehr mit der Dampflokentwicklung zu tun, was ihn aber an weiteren Aktivitäten in dieser Richtung nicht hinderte. Für ein Mitglied des Lokausschusses war das auch durchaus legitim.

Technische Entwicklung in der Sackgasse

Mitte der 1930er Jahre war es nicht nur Witte bewusst, dass die Einheitsloks trotz ihres großen und teuren Materialeinsatzes weit weniger leistungsfähig als französische oder amerikanische Bauarten waren. Die großen Einheitskessel waren ausgestattet mit einer mittelgroßen Rostfläche, einem verhältnismäßig kleinen Feuerraum darüber und einem sehr langen Langkessel. Die Energie der Rauchgase wollte man auf diese Weise möglichst weitgehend ausnutzen. Unbemerkt blieb, dass der vordere Langkesselteil nur noch einen kleinen Teil zur Verdampfung beitrug, und dass es der kleine Feuerraum nicht erlaubte, die Kesselleistung bei Anfahrten oder in Steigungen stark zu erhöhen.

Witte hatte gute Bekannte in der Industrie, wo hinter vorgehaltener Hand auch schon Kritik an Wagner geäußert wurde, und durch diese Kontakte wuchs seine Überzeugung, man könne vor allem durch eine Kesselbauart amerikanischen und französischen Stils ohne Mehraufwand die Lokomotivleistung vergrößern. Kaum ging es um die Triebwerksbauart; in dieser Hinsicht war Witte Preuße und schätzte einfache Bauarten. Mit der gegebenen Kesselbauart allerdings musste man rund 80 kg Gewicht für ein PS einsetzen, so dass die Leistung auf einem sechsachsigen Fahrgestell auf unge-

Der alte Stil. Die Baureihe 50 war zwar schon eine gewisse Abkehr von alten Dogmen, doch besaß sie alles an Zurüstteilen, was in der Herstellung teuer und in der Anbringung zeitaufwendig war. 50 475 wurde 1940 von der Lokomotivfabrik Wien-Floridsdorf gebaut und beim Bw Wien West in Dienst gestellt (Carl Bellingrodt).

Die parallel zur Baureihe 50 entwickelte BR 23 (alt) wurde nur in zwei Exemplaren und zudem verspätet fertiggestellt (Schichau, 1941). Ein Weiterbau unterblieb, da wegen der Kriegsereignisse nur noch Güterzugloks beschafft wurden (Carl Bellingrodt).

fähr 2200 PS begrenzt war. In Frankreich gab es bereits Loks, die weniger als 50 kg je PS schwer waren, so dass führende Reichsbahn-Ingenieure sich bei Dienstreisen verblüfft zeigten über die verhältnismäßig kleinen Maschinen, die dennoch ohne Kesselerschöpfung mit weit mehr als 3000 PS am Zughaken zerrten. Durchwegs besaßen deren Kessel eine große, direkt vom Feuer bestrahlte Heizfläche, entweder durch lange und schmale Feuerbüchsen, wie sie früher in Preußen üblich waren oder eine Vergrößerung der Feuerbüchse in den Langkessel hinein, als Verbrennungskammer bereits technisches Allgemeingut.

Eine Leistungssteigerung war auch im Reich dringend geboten, da die Reichsbahn dem beginnenden Autoverkehr nicht mit bequemerer Ausstattung der Waggons, sondern nur mit höheren Reisegeschwindigkeiten begegnen konnte. In wenigen Jahren waren die dafür nötigen Elektroloks und Triebwagen entstanden, und deren Befürworter warfen den Dampflok-Männern mit Recht Stagnation und grundsätzliche Veraltung der Dampflok vor. Dieser Vorwurf traf nicht die Industrie, denn diese baute ständig für das Ausland Dampflokomotiven, die hochleistungsfähig konzipiert waren.

Wenn die Industrie Wagner mit Vorschlägen für Hochleistungs-Dampflokomotiven anging, so geschah das manchmal nach Anregungen von Witte. Dieser pflegte weiterhin gute Kontakte zur Industrie und zu den wichtig-

Während laufender Fertigung entstand unter Federführung von Friedrich Witte aus der Baureihe 50 die Kriegslok 52. Die 1943 von der Lokfabrik Jung gebaute 52 3119 zeigt zwar alle typischen Vereinfachungen ihrer Bauart, besitzt aber noch den Barrenrahmen der 50. Erst 1975 wurde sie beim Bw Güsten ausgemustert (Fabrikfoto Jung).

sten Kritikern in der Hauptverwaltung. 1937, es ging um die Vorentwürfe für die Baureihen 23 und 50, sorgte er dafür, dass von der Fa. Borsig auch eine stark verkleinerte Variante der BR 23 mit Verbrennungskammer-Hochleistungskessel angeboten wurde, die technisch wie eine Vorwegnahme der 1950 realisierten Bauart wirkte. Immerhin erhielten sodann die Baureihen 23 (alt) und 50 Kessel mit einem für hohe Leistungen besser geeigneten Größenverhältnis zwischen hochwirksamer Feuerbüchsheizfläche und nach vorne immer wirkungsärmerer Langkesselheizfläche. Die beschlossene Realisierung eines Hochleistungskessels auf dem Fahrgestell der projektierten Einheits-23 versuchte Wagner noch zu verschleppen, doch fiel sie tatsächlich der Einstellung des Baues aller Reisezugdampfloks 1940 zum Opfer. Die teuren, aber schwächlichen 01^{10}, 03^{10} und 06, das heraufziehende Desaster mit dem zu wenig erprobten Kesselstahl St 47K und die Unfähigkeit, auf das kriegsbedingte Bedürfnis an vielen einfachen Güterzugloks zu reagieren, für all das diente nun Wagner als Sündenbock und wurde Ende 1941 in den Ruhestand abgedrängt.

1942: Friedrich Witte wird Bauartdezernent

Als neuer Leiter des Bauartdezernates im RZA trat Witte 1942 an, das auch auf Betreiben des jungen und gerade erst eingesetzten Rüstungsministers Speer, der Witte gut kannte. In Speers Großprojekt „Umgestaltung der Reichshauptstadt Berlin" war Witte für die Neuanlage von Bahnhöfen und Betriebswerken zuständig gewesen. Speer sah ihn als tatkräftigen Partner der Industrie bei der durchgreifenden Beschleunigung des Schienenfahrzeugbaues im sich verschärfenden Krieg an. Die Umformung der friedensmäßig gefertigten BR 50 in die stark vereinfachte BR 52 während laufender Produktion war hauptsächlich Wittes Werk. Seine mit den Kriegsloks gemachten Erfahrungen wurden entscheidend für die Gestaltung der Neubaudampfloks. So erwiesen sich viele der zuvor als zwingend angesehenen Bauteile als überflüssig. Speisedome, Verkleidungsbleche, Windleitbleche verschwanden, das Führerhaus war aus Frostschutzgründen geschlossen und beheizt, der Tender aus einem Kesselwagen entwickelt und selbsttragend. Trotz ihres finsteren Zweckes galten die deutschen Kriegsloks als technisch interessant und gestalterisch elegant. Wittes Arbeit unterstützte fraglos den Vormarsch deutscher Truppen und die Ausbeutung besetzter Länder in wichtiger Weise. Er selbst sah sich als pflichtbewussten Beamten. Eigentlich ging es ihm darum, die selbstverschuldete technische Erstarrung der Einheitsdampflok zu überwinden, wieder Weltgeltung zu gewinnen, doch verhedderte er sich in einem verbrecherischen System, das zehntausend Lokomotiven einfachster Bauart, doch hoher Leistung forderte.

An eine Reichsbahn nach Hitler dachte man früher, als man annehmen sollte. Die Spitzen der Reichsbahn besaßen eine detaillierte Übersicht über die Entwicklung des Transportgeschehens und die Folgen der Bombenangriffe im Reich. Ihnen war spätestens im Herbst 1944 der bevorstehende Zusammenbruch des Verkehrs und die Niederlage als unausweichlich bewusst. Mitten im heraufziehenden Chaos der Endzeit erschienen die Spitzen des RZA von allem merkwürdig unbeeinflusst. Das Verwaltungsgebäude am Halleschen Ufer war zerbombt, die Dienststellen ausgelagert, und dennoch liefen die Versuche mit der BR 42 weiter, diskutierte man im Spätherbst 1944 über leistungssteigernde Mischvorwärmerbauarten und rüstete 42er mit MV-Anlagen der grundsätzlich verschiedenen Bauarten von Heinl (42 2637), Henschel (42 1034 und 1079) und Knorr (42 591) aus. Bis kurz vor dem Zusammenbruch funktionierte die Schienenfahrzeug-Industrie, und das trotz täglicher schwerer und gut gezielter Bombenangriffe. Weil aber

Die nagelneue 42 0001 auf dem Hof der Firma Henschel im Jahre 1943. Die klare Formensprache der Kriegsdampfloks wurde bei den Neubaudampfloks der Bundesbahn wieder aufgenommen. Selbst auf dem Höhepunkt des Zweiten Weltkriegs wurde die BR 42 zwecks Verbesserungen im Detail noch intensiven Untersuchungen seitens des Reichsbahn-Zentralamtes unterzogen (Fabrikfoto Henschel).

mittlerweile noch nicht einmal mehr genug Stahl für die großen Kriegslokprogramme verfügbar war, setzte Witte noch im Winter 1944/45 einen Auftrag für die Fa. Borsig durch, die seit 1939 auf dem Werkshof abgestellte 05 003 auf Steinkohlenfeuerung umzubauen und zu „entstromen". Im März 1945 war die Lok fertiggestellt, gerade rechtzeitig, um noch aus dem mittlerweile fast eingeschlossenen Berlin nach Hamburg „rückgeführt" zu werden. 05 003 als einzige Lok der DRB mit einem Verbrennungskammer-Kessel fand das besondere Interesse des Bauartdezernenten, und die Mischvorwärmerversuche waren für jede Lokomotivbauart zukunftsgerichtet. So war es kein Zufall, dass sich diese Maschinen nach dem Zusammenbruch weiter in Wittes Einflussbereich befanden.

Die zeitweilige Ruhe im Auge des Orkans verwandelte sich Ende März 1945 in völliges Chaos. Tagelang rollten Lokomotivzüge und tausende von Waggons nach Westen, bevor Briten und Amerikaner die Verbindungen zwischen Berlin und dem Westteil des Reiches unterbrachen. Fast vollzählig setzten sich auch die höheren Beamten aus Reichsverkehrsministerium, Reichsbahn-Hauptverwaltung und Zentralamt ab. Als Parteigenossen, die die meisten waren, und angesichts ihrer in den letzten vier Jahren mit großer Energie geleisteten Arbeit wäre ein Verbleib im östlichen und nun sowjetisch besetzten Teil Deutschlands lebensgefährlich gewesen. Was an Akten im halbzerstörten RZA-Gebäude greifbar war, hatte man noch in mehreren Güterwagen abtransportiert.

Neubeginn im Westen

So besaß die „West-Reichsbahn" in der britischen und der amerikanischen Besatzungszone eine große personelle Kontinuität. Bezeichnend ist es, dass die Amerikaner dem bisherigen Reichsverkehrsminister Julius Dorpmüller die Führung der Reichsbahn andienten, der allerdings noch im Sommer 1945 verstarb. Festgesetzt wurde nur sein Staatssekretär Albert Ganzenmüller, ein „alter Kämpfer", der die Judendeportation maßgeblich organisiert hatte. Doch sowohl für ihn wie auch die meisten anderen belasteten Beamten hatte ihre NS-Vergangenheit keine juristischen Konsequenzen. Meist gingen die Karrieren entweder bruchlos weiter, oder die Bundesbahn nahm die 1951 qua Gesetz entlasteten Altnazis wieder auf.

Dass das „neue" Reichsbahn-Zentralamt vorerst Unterschlupf im RAW Göttingen fand, war kein Zufall. Witte hatte die Berliner Akten in seine alte Heimat transportieren lassen. Er und die übrigen Beamten mussten sich in ein paar Zimmern zusammendrängen. Zeichnungsbestände, Beschreibungen, Akten, all das war unvollständig oder fehlte völlig. Da man einstweilen nur wenig zu tun hatte, beschäftigte man sich mit der Neuaufstellung von Vorschriften, Zeichnungssätzen oder Beschreibungen. Die Arbeitsbedingungen waren zwar deprimierend – aber was hieß das schon in der Zeit des völligen Zusammenbruchs.

Fast überall fuhren im Herbst 1945 wieder Züge. Die Bahnhöfe waren Trümmerhaufen, und der Eisenbahnbetrieb spielte sich vielerorts auf „Inseln" ab, da die Züge vorerst vor zerstörten Brücken hielten, und Fahrgäste die Flüsse sodann auf Stegen überqueren mussten, bevor sie auf der anderen Seite wieder Platz nehmen konnten in einem vernagelten Abteilwagen oder undichten Plattformwagen. Doch sehr schnell war die Reichsbahn wieder in der Lage, die rasch wieder arbeitende Großindustrie mit Rohstoffen und Kohle zu versorgen, Produkte abzufahren, Arbeiter zu ihren Arbeitsstätten zu transportieren und die Millionen Flüchtlinge aus dem Osten zu verteilen.

In den Lokomotivfabriken Esslingen, Henschel in Kassel, Jung bei Betzdorf und Krauss-Maffei in München waren die Kriegsschäden erstaunlich gering und rasch soweit beseitigt,

Noch im Spätherbst 1944 arbeitete man an leistungssteigernden Mischvorwärmerbauarten und rüstete 42er mit MV-Anlagen der grundsätzlich verschiedenen Bauarten von Heinl, Henschel (42 1079, unteres Foto, und 1034) sowie Knorr (42 591, Foto ganz oben) aus (Sammlung H. Brinker).

dass man wieder produzieren konnte. Viel schwerer war Krupp in Essen getroffen, wo man noch 1948 Werkloks unter freiem Himmel zusammenschraubte. Erste Reparaturloks verließen die Werke, und nagelneue, schon angearbeitete Kriegslokomotiven wurden noch 1945 an die Reichsbahn abgeliefert. Das hierfür nötige „Permit" hatten die Besatzungsmächte erteilt, um die Existenz der Unternehmen zu sichern, die für den Wiederaufbau des Eisenbahnbetriebes in Deutschland unerlässlich waren. So wurden seit 1945 bis in die frühe Bundesbahnzeit Lokomotiven geliefert, und die Stückzahlen waren sogar beeindruckend, rechnet man die für Bergbaubetriebe, Stahlwerke und sonstige private Abnehmer gebauten Werkloks hinzu. In der amerikanischen und britischen Besatzungszone wurde die Reichsbahn 1947 vereinigt, die gemeinsame Hauptverwaltung für die „Deutsche Reichsbahn in der Bizone" in Offenbach (Main) eingerichtet. Die in der französischen Zone eingerichtete „Betriebsvereinigung der südwestdeutschen Eisenbahnen" wurde erst 1952 voll in die DB integriert.

1947 waren fast alle Strecken wieder durchgängig befahrbar, die Sicherungstechnik intakt und ein weitgehend planmäßiger Betrieb gewährleistet. Der Schutt war aus den Bahnhofsruinen geräumt, und wo früher Prachtarchitektur der Gründerzeit vorherrschte, gab es nun den „Barackstil" mit qualmenden Ofenrohren in den Wänden. Zügig steuerte alles auf einen westdeutschen Separatstaat hin. Als der Parlamentarische Rat über die Verfassung einer demokratischen Bundesrepublik beriet, begab sich auch die Reichsbahn an die Planung der Zukunft.

Seit der Freigabe des Fernreiseverkehrs auch für Privatpersonen 1948 ging es darum, möglichst bald wieder einen hochwertigen Fernverkehr anzubieten. Dafür musste man zunächst die vorhandenen Schnellzuglokomotiven, Schnelltriebwagen und Reisezugwagen grundlegend sanieren. Gleichzeitig liefen allgemeine Aufarbeitungsprogramme für Lokomotiven und Wagen, in die nicht nur die Ausbesserungswerke, sondern auch die Schienenfahrzeugindustrie und andere Maschinenbau-Großbetriebe einbezogen wurden. Hierfür erhielt die Reichsbahn große Kredite aus dem „European Recreation Plan" (ERP).

Währenddessen herrschte in der Bevölkerung bittere Not. Die Arbeitslosigkeit war groß, Nahrungsmittel und Kohle waren rationiert, und für ihren in Reichsmark ausgezahlten Lohn konnten auch die in der Industrie oder durch Aufträge der Reichsbahn beschäftigen Arbeiter fast nichts kaufen.

Das aus der Not geborene Neubauprogramm

Der Lokomotivpark als Ganzes war zwar jung, doch gab es viel zu viele im Krieg gebaute Güterzuglokomotiven. Neben die Überlegungen für ein Neubauprogramm trat deshalb ein

Triebfahrzeug-Beschaffungen der Reichsbahn in den westlichen Besatzungszonen bzw. der Deutschen Bundesbahn

	1945	1946	1947	1948	1949	1950	1951	1952	1953	1954	1955	1956	1957	1958	1959
Dampfloks															
S-Lok														2	
P-Lok						4	11	8	2	27	18	6	10	6	13
G-Loks Nachbau	19	11	4	10	11	12	7								
Pt-Lok							13					4	3		
Gt-Lok						16	21				4				
Summe	**19**	**11**	**4**	**10**	**11**	**32**	**52**	**8**	**2**	**27**	**26**	**9**	**10**	**8**	**13**
Elloks															
S-Loks Nachbau										5	2				
S-Loks									1	4			34	82	3
P-Loks Nachbau	2	2	1			2	1				4				
P-Loks												11	32	20	54
G-Loks Nachbau	1	1	1				3	2	1	24	7	12			
G-Loks												62	74	42	
Mehrsystemloks															1
Akku-Kleinloks								1	1						
Summe	**3**	**3**	**2**			**2**	**4**	**3**	**11**	**26**	**12**	**23**	**128**	**176**	**100**
V-Loks															
S-Loks										5		16	34		31
P-Loks							10					15		1	5
Rangierloks Nachbau			1	12	4	18									
Rangierloks										3	49	217	47	218	
Kleinloks			2	13	2	14	17	15	37	48	26	37	43	139	
Schmalspurloks								4							2
Summe			**1**	**14**	**17**	**20**	**14**	**31**	**15**	**42**	**51**	**106**	**288**	**91**	**395**
Elektrotriebwagen															
Wechselstrom-ET								7			24				
ET S-Bahn Hamburg										11	9			5	16
Schmalspur-ET										2					
Akkutriebwagen								2	1	7	21	22	9	16	19
Summe								**9**	**1**	**20**	**30**	**46**	**9**	**21**	**35**
Verbrennungstriebwagen															
SVT							2	9	13				18	1	
Eil- und PVT										4		1	7		
Schienenbusse						12		135	63	262	151	104	1	8	26
Summe						**12**	**2**	**144**	**80**	**262**	**151**	**105**	**26**	**9**	**26**
Gesamt	**21**	**14**	**7**	**24**	**28**	**66**	**72**	**205**	**109**	**377**	**270**	**289**	**461**	**305**	**569**

radikales Abstellprogramm von 42 und 52 sowie der im Ausland gebauten 44, 50 und 86, für die es Restitutionsforderungen gab. Mit welcher Argumentation es der Hauptverwaltung 1947 angesichts dessen wohl gelang, eine von Henschel neu zu bauende Serie von 40 52ern durchzusetzen? Vermutlich hatte Friedrich Witte für den Bau völlig gleicher, aber mit unterschiedlichen Vorwärmeranlagen der neuesten Bauarten ausgerüsteter Lokomotiven plädiert, um Versuchsträger für ein Lokomotiv-Neubauprogramm zu erhalten. Die Maschinen wurden von 1948 bis 1951 geliefert und ausgiebig erprobt.

An die Realisierung eines Lokomotiv-Neubauprogramms begab man sich, als im Frühjahr 1948 ERP-Gelder dafür zur Verfügung standen. Im Juli 1948 debattierte der Lokomotivausschuss bereits über ein erstes Typenprogramm, das 15 Baureihen umfassen sollte. Die Idealvorstellungen mussten sich schnell den bitteren Realitäten beugen, denn seit der Währungsreform im Juni 1948 und der mit ihr einhergehenden Geldknappheit war die Reichsbahn so gut wie pleite. Als ergänzungsbedürftig galt der Bestand an Schnellzugloks, denn man hatte bis auf die S 3/6 alle Länderbahnloks abgestellt. Dringend musste ein Ersatz für die P 8 her. Für Personenzugtenderloks kleiner und großer Leistungsklasse bestand ebenso Ersatzbedarf wie für die überalterten 93 und 94. Rangierloks kleinerer Bauart wollte man lieber durch Weiterentwicklung des Wehrmachts-Diesellok-Programms schaffen, und dass auf den hochdefizitären Nebenbahnen möglichst bald Triebwagen fahren sollten, galt als ausgemacht. Seit 1939 hatte sich die Entwicklung von Fahrzeugen mit Dieselmotoren allein auf den militärischen Bedarf hin ausgerichtet, und die Elektroloks der E 18-Ära galten als zu aufwendig und teuer. Noch Jahre würde es dauern, aus E 44, E 94, V 140 und SVT 06 serienreife Loks und Triebwagen modernster Technologie zu entwickeln, so dachte man. Ohnehin war an ein Elektrifizierungsprogramm oder eine serienreife Hauptstreckendiesellok schon

Sie waren Initiatoren, Schöpfer und Gestalter der Neubaudampfloks: DB-Bauartdezernent Friedrich Witte, Henschel-Chefkonstrukteur Bruno Riedel und der Abteilungsleiter in der maschinentechnischen Abteilung der HVB Friedrich Flemming (von links; Foto Henschel, Sammlung A. Gottwaldt).

aus Mangel an Geld und Buntmetall nicht zu denken. Für die großen Beschaffungen kamen also nur Dampfloks in Frage, da sie einfach und preiswert waren, nur wenig kontingentiertes Material aus dem Ausland benötigten, ohne großes Risiko direkt in die Serienfertigung gehen konnten und mit heimischem Brennstoff auskamen.

Nach dieser Grundentscheidung ging es darum, wo man durch Ersatz überalterter oder in der Unterhaltung aufwendiger Länderbahntypen auch mit knappen finanziellen Mitteln schnell wirtschaftliche Effekte erreichen konnte. Das heißt nichts anderes, als dass Neubauten sich in kürzester Zeit selbst refinanzieren sollten. Die Hauptverwaltung billigte deshalb am 8. Dezember 1948 einen Typenplan, der nur die Baureihen 23 Neu, 78 Neu mit gleichem Kessel sowie 93 Neu und 94 Neu umfasste.

Strikte Sparsamkeit und Einfachheit waren oberstes Gebot. Dennoch wollte man in der Hauptverwaltung wie im Zentralamt die Erstarrung der Dreißiger Jahre überwinden und bei aller Armut Anschluss gewinnen an den technologischen Stand der neuen Zeit, wie er sich in Frankreich und den USA präsentierte. Dennoch ging man eigene Wege: Schweißkonstruktionen im vorgesehenen Umfang waren im Dampflokbau sowohl in Frankreich wie auch den USA ungebräuchlich. Man kippte viele der bisherigen Dogmen über Bord und gab der Industrie eine ganze Reihe „neuer Baugrundsätze" vor:

- Niedrige Beschaffungskosten (durch vollständige Schweißung und Verzicht auf Sonderbauarten wie zweistufige Dampfdehnung),
- niedrige Unterhaltungskosten,
- geringe Schadanfälligkeit (d.h. schadensfreier Durchlauf zwischen den Fristarbeiten und kleiner Aufwand für Zwischendurch-Reparaturen, Verlängerung der Fristabstände),
- Geringer Zeitaufwand für Betriebsbehandlung und -Pflege (Ziel etwa 20 Stunden Betriebsbereitschaft je Tag),
- große spezifische Kesselleistung und damit weiter Leistungsbereich des Kessels ohne Erhöhung der Schadanfälligkeit,
- große Verdampfungswilligkeit des Kessels, unabhängig von der Beschaffenheit der Kohle und der Geschicklichkeit des Heizers,
- niedriger Kohlenverbrauch, auch im Stillstand,
- weitgehende Erleichterung des Dienstes für das Lokomotivpersonal,
- gutes äußeres Aussehen.

Die Hauptverwaltung wies im Februar 1949 das RZA an, für die Baureihen 23 Neu, 93 und 94 Vorentwürfe bei den fünf Lokomotivfabriken zu bestellen. Die BR 78 ließ man entfallen, weil man genauso gut die in Kessel und Triebwerk gleiche BR 23 mit hoher Rückwärtsgeschwindigkeit ausstatten konnte.

Die entscheidende Rolle bei der Entstehung der Neubaudampfloks spielte die Firma Henschel in Kassel, stark exportorientiert und insofern mit neuartigen Bauartdetails vertraut. Henschel war der mit Abstand größte Lokomotivhersteller in den Westzonen. Friedrich Witte war mit Bruno Riedel, dem Chefkonstrukteur Inland gut bekannt. Auf die Zusammenarbeit der Beiden und auch auf ihre informellen

Kontakte gehen Gestaltung und technische Ausstattung der Neubaulokomotiven zurück. Eingebunden durch die in wirtschaftlicher Hinsicht zwingenden, aber frei durch die technologisch wenig konkreten Vorgaben der Hauptverwaltung machten Witte und Riedel das Beste daraus. „In der Beschränkung erst zeigt sich der wahre Meister" – das galt auch hier. Aus den 1:40-Vorentwürfen stachen dann auch die von der Fa. Henschel deutlich hervor. Henschels 94 entsprach noch weithin dem zehn Jahre alten Entwurf für eine BR 83, und die 93 suchte erkennbar die Verwandtschaft mit der 94. Doch die Henschel-23 bildete eine radikale Absage an alles bislang Gewohnte. Technisch war sie auf Hochleistung getrimmt. Als einzige war sie extrem kurz, um auf 18 Meter-Drehscheiben zu passen, dafür türmte sie sich in die Höhe. Schließlich besaß sie eine von den bisherigen Einheitsloks total abweichende Architektur. Wittes Einwirkung auf diesen Entwurf war offenbar. So also stellte er sich die neue Generation vor. Englische Glattheit, amerikanische Technik und deutsche Geradlinigkeit – ein eigener Stil. Doch auch konstruktiv waren die drei Henschel-Entwürfe elegant. Im Wettstreit der Meinungen lagen alle drei vorn – was Wunder, da sie das umsetzten, was der Bauartdezernent sich wünschte, und was objektiv zukunftsweisend war.

Die Vorentwürfe der übrigen Fabriken waren erstaunlich vielgestaltig. Ein Herumtasten war offensichtlich, ohne dass es dabei noch irgendeinen erkennbar großen Wurf gegeben hätte. Keine Frage war es deshalb, dass Henschel den Zuschlag für die Konstruktion der drei Baureihen erhielt, die nun 23, 65 und 82 hießen. Im Laufe des Jahres entstanden die endgültigen Entwürfe. Jede Woche reiste der Bauartdezernent von Göttingen nach Kassel, um die Entwicklung zu steuern. Der von Werkbahn- und Exportloks schon bekannte „Henschel-Stil" mit glattem Kessel, Kesselbändern und Kranzschornstein wurde auch zum „Markenzeichen" der DB-Neubaudampfloks.

Gerade der Geldmangel und eine Beschränkung in allen Einzelheiten, die Überwindung der alten, von Vor- und Fehlurteilen beeinflussten Fahrzeugphilosophie und modernste, Zeit und Geld sparende Fertigungsmethoden führten so zu kleinen, hochleistungsfähigen und in der Architektur puristischen Lokomotiven. Zweitklassige Nachfertigungen von Armaturteilen musste man anfänglich in Kauf nehmen, weil das Geld für teure Auslands-Lizenzen fehlte.

Serienfertigung ohne Probebauarten

Im September 1950 war 82 023 als erste fertiggestellt und wurde an das Bw Siegen ausgeliefert. Nur noch wenig hatte sie mit den vergangenen Einheitsloks zu tun. Vor allem aber die acht Wochen später fertiggestellte 23 001 war Ausdruck des neuen Stils. Dieser rief in der Hauptverwaltung keineswegs nur Beifall hervor. Einer der schärfsten Kritiker Wittes war sein mittelbarer Vorgesetzter, der damalige Abteilungsleiter und später im HVB-Dezernat 21 (Maschinentechnische Abteilung; HVB = Hauptverwaltung der Bundesbahn) für die Lokomotivtechnik zuständige Referatsleiter Friedrich Flemming. Dieser nahm selbst auf vielfache Weise Einfluss auf die Entwicklung, und der Zwist der beiden Fachleute kulminierte später bei der Entwicklung der BR 10. Flemming fachte die Kritik am Äußeren der Neubauloks 1952 regelrecht an, so dass Witte sich genötigt sah, diverse Außengestaltungen vorzuschlagen und die BR 23 sogar im alten Stil und mit großen Windleitblechen zeichnen ließ. Das wollte man nun doch nicht; und überdies verlor man in der HVB alsbald die Lust, sich überhaupt noch mit Dampfloks auseinanderzusetzen.

In Ziel- und Mittelansatz weit vor den Dampflokomotiven rangierten die Schienenbusse, deren Komponenten man weitgehend aus dem Omnibus-Großserienbau entnahm. Wo bislang Lok, Packwagen, mehrere Personenwagen, viel Personal und technische Anlagen nötig waren, benötigte man nun nur noch Bus, Beiwagen, Triebwagenführer, Schaffner und eine Zapfsäule. Einsparungen in vielfacher Millionenhöhe waren der Lohn, und ein Schienenbus finanzierte sich binnen zwei Jahren selbst. Riesige Stückzahlen waren die Folge. Die Neubaudampfloks wurden zwar im Laufe ihrer Weiterentwicklung sehr modern und immer luxuriöser, doch wurden sie unerwartet rasch vom technischen Fortschritt überrollt. Das Jahr 1952 brachte in den Prototypen der E 10 und der V 80 bereits seriennahe Bauarten der modernen Traktion, und VT 08 und ET 56 nahmen gar schon den Plandienst auf. Die teuren Neuentwicklungen 1952/53 erzwangen bei der finanziell sehr klammen Bundesbahn einen ersten Einbruch der Dampflokaufträge. Binnen vier Jahren waren E 10, E 41, E 50, ET 30, V 60, V 200 und der TEE-Schnelltriebwagen serienreif. Da nutzte es nichts, dass das BZA Minden, wohin das Zentralamt 1950 umgezogen war, die BR 23 mit Mischvorwärmern, Rollenlagern, Schiebetüren und bequemen Sitzen ausstattete.

Der Kleinkrieg zwischen Witte und Flemming um die zweite Generation von Neubaulokomotiven führte es mit sich, dass der Bau der Baureihen 10 und 66 verzögert und zerredet wurde. Schon beim Bau wusste man: Es wird keine Serienfertigung geben. Witte kämpfte dennoch für „seine" wirklich fast genial gelungene kleine 66 und hatte in der Fa. Henschel abermals einen wichtigen Fürsprecher. Dementsprechend flott lief dort 1955 auch der Bau ab. Die von Flemming protegierte BR 10 in der Krupp'schen Bauform, die er wohl wegen seiner Bekanntschaft zum Krupp-Direktor seit Studienzeiten durchgesetzt hatte, wurde noch während des Baues und gegen den Widerstand Wittes mit immer neuen Änderungen überfrachtet, so dass Krupp die Lust verlor und nur noch nebenher an den 10ern werkelte. Die regelmäßigen Pflichtauftritte des Bauartdezernenten Witte in Essen waren dementsprechend unerfreulich. Der Bau von vier nutzlosen Prototypen war insoweit ein Politikum. Paradox ist es, dass bis heute aber Witte als geistiger Vater der 10 und verantwortlich für das ganze Draufsatteln beim Bau sowie das Verplempern von drei Millionen Mark Steuergeldern gilt.

1956 war es dann soweit: Eine E 10 konnte zwar rund 2,5 Dampfloks ersetzen, doch waren ihre – wie auch der anderen Neubau-Triebfahrzeuge – Beschaffungskosten so hoch, dass sich die DB-Hauptverwaltung 1956 neben der anlaufenden Serienfertigung von Brennkraft- und elektrischen Triebfahrzeugen die Kosten einer Parallelbeschaffung von Dampfloks nicht mehr leisten wollte. Die letzten 1956 bestellten Dampfloks kamen bis 1959 in Dienst.

168 Neubaudampfloks hat es gegeben. Erste Maschinen musste man schon 1966 wegen Fristabläufen ausmustern. Kurzlebig waren die Baureihen 10 und 66, die nach neun und zwölf Jahren ausschieden. Mit 65 und 82 war es 1972 vorbei, und nur die 23 erreichte ein Betriebsalter von 25 Jahren. Im Herbst 1975 erst musterte die Bundesbahn die letzten Maschinen als letzte Reisezugdampfloks überhaupt aus. Erhalten blieben von den vier kleinen Baureihen je eine Lok, von der 23 acht Maschinen. Fünf von ihnen sind sogar betriebsfähig und erfreuen sich wegen ihrer universellen Einsetzbarkeit hoher Wertschätzung. Wie lange die mittlerweile rund 50 Jahre alten Maschinen wohl noch „Neubaudampfloks" heißen werden?

Baureihe 23

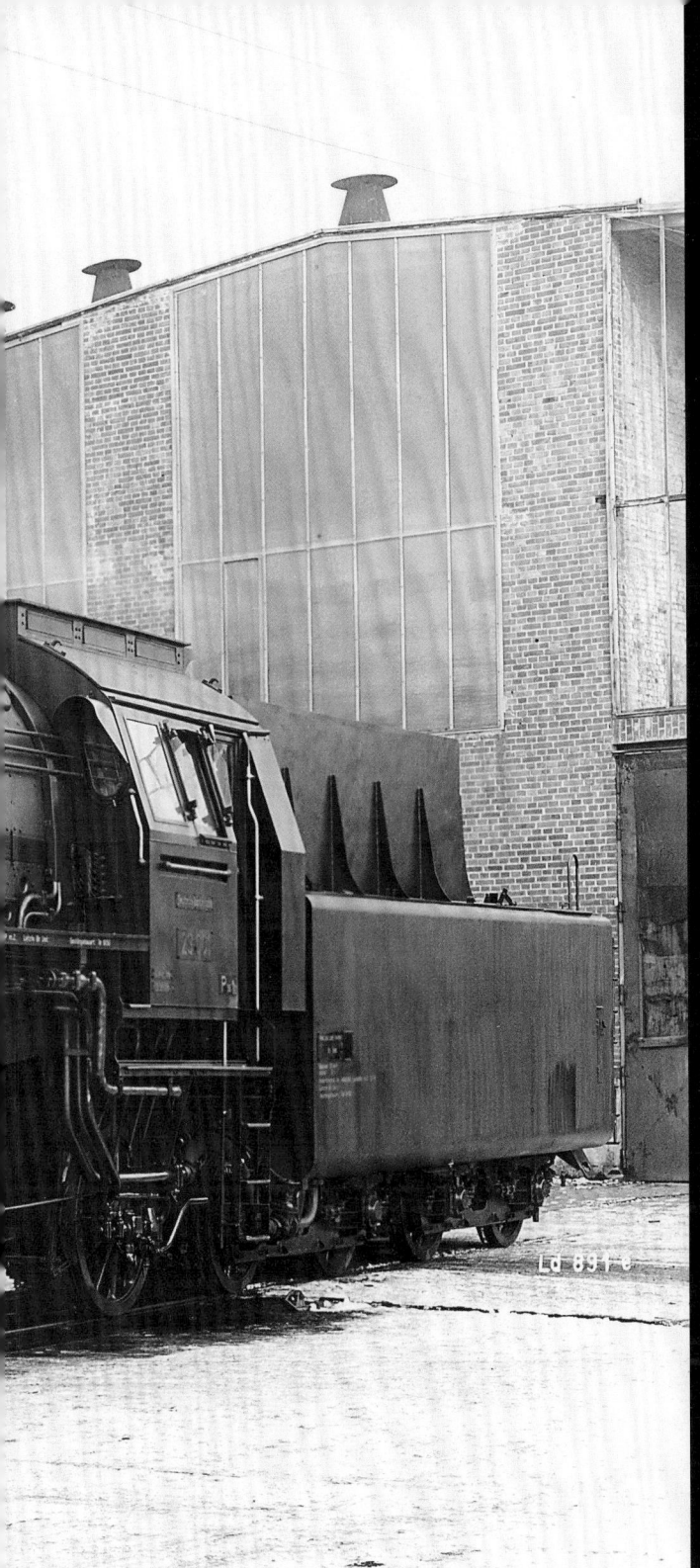

OBEN Rahmenbleche für die Baureihe 23 werden 1950 bei Henschel nach der Ankunft von einem vierachsigen Henschel-Werkswaggon preußischer Bauart abgeladen.

LINKS 23 001 nach Fertigstellung bei Henschel. Am 29. November 1950 wurde die Maschine an die Bundesbahn abgeliefert.

Wenn die Rede auf „Neubaudampflokomotiven" kommt, so denkt jeder zunächst an die Baureihe 23. Kurz gebaut, mit enorm hohem Umlauf über einem kräftigen Triebwerk, die weit nach außen unter das Umlaufblech gestellten Lampen, Kessel und Windleitbleche frei nach vorne in den Raum greifend. Keine der übrigen neuen Dampflokbaureihen zeigt den neuen Stil derart komplett, sie sind vielmehr Stilzitate von Teilen der Baureihe 23.

Technisch ist die 23er ebenso aufgebaut wie die übrigen Typen: vollständig geschweißt, ein Kessel mit hohem Strahlungsheizflächenanteil, Heißdampfregler, kräftiges Triebwerk, Steuerung für schnelle Vorwärts- und Rückwärtsfahrt, selbsttragender Tender, durchdachtes vollständig geschlossenes Führerhaus. Originell und den unterschiedlichen Einsatzaufgaben und Strecken angemessen war der durch Umstecken von Ausgleichsbolzen von 19 auf 17 t verstellbare Achsdruck der Kuppelachsen.

Die äußerlichen Gestaltungsmerkmale stammten aus der Schublade der Firma Henschel. Kranzschornstein, glatter Kessel, sorgfältiges Verstecken von optisch Unruhigem, das fand man bei privaten Henschel-Bestellungen schon in den 1930er Jahren, und die von Henschel maßgeblich vorangetriebene Überleitung der Baureihe 50 zur 52 führte zu ähnlicher Formensprache. Wie unsicher man während der Entwicklungszeit der neuen Typen 1949 noch war, die Leistungsfähigkeit der neuen Kesselabstimmung und Dampfmaschine richtig einzuschätzen, zeigte sich schon bei den ersten Messfahrten der 23 015: Die als „Ersatz-P 8" konzipierte Maschine leistete unter Nennleistung fast 1900 PSi

Ganz am Anfang des Dampflokbaues stand immer das Schmieden verschiedener Kleinteile.

und war bis zur zugelassenen Höchstgeschwindigkeit von 110 km/h leistungsfähiger und schneller im Antritt als die BR 03. Höchstleistungsversuche musste man bei einer Kesselbelastung von 92 kg/m²h (Nennleistung 70 kg) abbrechen. Nicht etwa, weil der Kessel sich erschöpfte, sondern weil der starke Saugzug das Feuer vom Rost riss. Rund 2000 PS leistete die kleine Hochleistungslok dabei.

Die erste Bauserie umfasste die Maschinen 23 001 – 015, die Henschel Ende 1950/Anfang 1951 in kurzer Zeit lieferte, und die bei den Bw Bremen Hbf, Kempten und Siegen beheimatet wurden. Die Siegener 23 015 kam alsbald zum Lokversuchsamt in Minden und blieb dort bis 1955. Die folgende Bauserie 1952 mit den von Jung gebauten Loks 23 016 – 023 unterschied sich äußerlich nur durch die geknickten Schiebetüren im Führerhaus. Die erste Serie hatte gerade Drehtüren erhalten. „Unter dem Blech" fanden sich etliche kleine Änderungen, wie sich überhaupt die BR 23 bis zur letzten Bauserie einer aufmerksamen Bauartpflege erfreute. Neu war z.B. eine verstärkte Dombefestigung, nachdem man 1952 alle Lok der ersten Serien von 23 und 65 wegen Ausbeulungen und Rissen an den Domfüßen hatte abstellen müssen. Das, die zur Vermeidung von Devisenausgaben selbst entwickelten nichtsaugenden Strahlpumpen von Henschel und die mangelhafte Rückstellung des vorderen Lenkgestells waren die einzigen echten Konstruktionsfehler der ersten Bauart, die schon bei der Bauserie 1952 beseitigt waren.

Auch 23 024 und 025 gehörten eigentlich zur Bauserie 1952, wurden aber erst 1953 fertig. Auftragsgemäß hatte der Hersteller Jung sie mit einem neu konstruierten Rahmen, Rollenlagern in allen Achsen und Stangen, Henschel-Misch-vorwärmer und einem neu konzipierten Führerhaus mit verbessertem Dachlüfter in einer runden Dachkontur, Dachfenster, Sesseln, neu platzierten Anzeigeinstrumenten ausgestattet, dem sogenannten „Sozialführerstand".

Dessen wesentliche Elemente fanden sich auch bei der Bauserie 1954, die die Loks 23 026 – 029 von Jung, 23 030 – 043 von Henschel und 23 044 – 052 von Krupp umfasste. Auf Mischvorwärmer und Rollenlager hatte man einstweilen verzichtet, weil die Versuche damit noch nicht abgeschlossen waren.

Da die 23 kein echter P8-Ersatz war, stationierte man sie in den ersten sechs Betriebsjahren ausschließlich bei Bw, die sie im Schnell- und Eilzugdienst einsetzten. Erst ab 1957 wurden im Süden durch die fortschreitende Elektrifizierung so viele 01, 01[10] und 03[10] frei, dass man diese nach Norden umstationieren und dort 03 und 23 für mindere Dienste freimachen konnte. Nicht fehlen darf der Hinweis, dass die BR 23 bis 1956 die meistgebaute Lokbaureihe der DB war. Mehr Exemplare hatte die DB bis dahin nur von den Uerdinger Schienenbussen beschafft.

Mit der Bauserie 1955 hielten dann Rollenlager im Lauf- und Triebwerk und der am besten beurteilte Heinl-Mischvorwärmer Einzug in die Serienfertigung. Letzterer verfügte über einen Warmwasserspeicher, damit man auch bei Zughalten nicht mit dem Injektor halbwegs kalt speisen musste. Gegenüber der Erstausführung veränderte sich das Bild zu einem kompakten „Kraftpaket", weil der Mischvorwärmer den Raum unter der Rauchkammer ausfüllte. Die Bauserie 1955 umfasste die Loks 23 053 – 064 von Jung, übrigens alle mit den neuen DB-Schildern auf Führerhaus und Rauchkammertür, und 23 065 – 070 von Jung.

Traditionell nahm man immer den Kesselbau zuerst in Angriff. Die Eck- und Längsteile eines Bodenrings sind maßgerecht auf der Richtbank befestigt und werden nun zunächst nur zusammengeheftet, 1950.

Anschließend erfolgt das Glätten der Schweißungen an den Eckstücken eines Bodenrings. Aus Gründen der Reinigungsmöglichkeit und Wegen der Gefahr des Ansatzes von Sauerstoffbläschen oder Kalk an dieser schlecht erreichbaren Stelle müssen hier die sichtbaren Schweißraupen verschwinden, 1950.

1956 gab es die gleichartigen 23 071 – 076 von Jung. Die Induktive Zugsicherung erhielten die 23 nun ab Werk. Im Dezember 1956 beendete die Bundesbahn mit der Bestellung der Loks 23 077 – 105 die Dampflokbeschaffung.

Von der letzten Bestellung kamen 1957 die Loks 23 077 – 080 von der Maschinenfabrik Esslingen und 1957/1958 die 23 081 – 092 von Jung in Dienst. Äußerliches Unterscheidungsmerkmal von der vorangegangenen Serie waren das dritte Spitzenlicht, die DB-Schilder und die Klapptüren im Führerhaus.

Die 1959 von Jung gebauten 23 093 – 105 unterschieden sich technisch nur durch eine Vereinfachung des Mischvorwärmers auf nur noch eine Vorwärmstufe von den Vorgängerinnen. 23 105 wurde am 4. Dezember 1959 als letzte DB-Lok abgenommen und beim Bw Minden beheimatet, wo sie bis 1968 im Einsatz stand. Es folgten bis zur Ausmusterung noch vier Jahre beim Bw Saarbrücken.

Bedeutsamste 23-Direktion war in den frühen Jahren die BD Mainz mit den Bw Mainz und Koblenz Mosel, die 1955 bis zu 30 Maschinen auf den Rheinstrecken und der Moselstrecke einsetzten. Seit den späten 1960er Jahre wurden die 23er bei den Direktionen Saarbrücken (Bw Kaiserslautern und Saarbrücken) und Stuttgart (Bw Crailsheim) konzentriert. Um sie technisch zu vereinfachen, ersetzte man bei einem Großteil den empfindlichen Heißdampfregler durch einen einfachen Nassdampfregler. Für den vernachlässigten Dampflok-Auslaufbetrieb waren die auf Sparsamkeit und hohe Leistung getrimmten 23er nicht gut geeignet; und dass sie in Crailsheim und Heilbronn mit ausgesprochen schlechtem Speisewasser zurechtkommen mussten, machte dieser Baureihe echte Schwierigkeiten. Der Plandienst endete im September 1975, und im Dezember 1975 wurde 23 058 als letzte 23 ausgemustert. Erhalten blieben 23 019 (Deutsches Dampflokmuseum), 23 023 (Stoomstichting Nederland), 23 029 (Denkmal Aalen) 23 042 (Deutsche Museumseisenbahn), 23 058 (Eurovapor), 23 071 und 076 (Veluwse Stoomtrein Mij.), 23 105 (DB, leihweise SEM Heilbronn).

Ein Arbeiter versieht eine 23-Feuerbüchse mit Stehbolzenbohrungen, 1950.

Eine Rauchkammerrohrwand wird mit dem Schweißautomaten in den Rauchkammerzwischenring eingeschweißt, 1950.

OBEN 23 001: Der fertig geschweißte Stehkessel, noch ohne Feuerbüchse, wird für das Röntgen vorbereitet. Die Röntgenkammer ist mit dicken Stein- und Bleiverkleidungen strahlungssicher abgeschirmt, 1950.

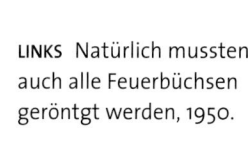

LINKS Natürlich mussten auch alle Feuerbüchsen geröntgt werden, 1950.

23 001: Nachdem die Feuerbüchse von oben in den Stehkessel hineingesenkt worden und am Bodenring und Feuerlochring mit dem Stehkessel verbunden worden ist, werden in der jeweils richtigen Winkelstellung die endgültigen Stehbolzenlöcher gebohrt, 1950.

23 001: Der weitgehend fertiggestellte Kessel der 23 001. Die Rauchkammer ist mit hitzebeständiger Grundierung gestrichen. Der Kessel ist mit Messbändern und -latten ausgerüstet, um die Einhaltung der Sollabmessungen zu überprüfen, 1950.

OBEN Kesselblech für den hinteren Kesselschuss. Der Domhals wurde aus dem Blech einfach herausgepresst. Nach wenig mehr als einem Betriebsjahr stellten sich im Bereich der Kehlung Risse ein, da hier das Material am stärksten beansprucht und offenbar überdehnt worden war.

LINKS Auch der Rahmenbau hat nun begonnen. Drei Arbeiter sind dabei, in einen 23er-Rahmen Untergurte und Querversteifungen einzuschweißen, 1950.

UNTEN Ein 23-Langkessel in der Röntgenkammer. Offenbar sollen gleich die Schweißnähte des Domes untersucht werden, 1950.

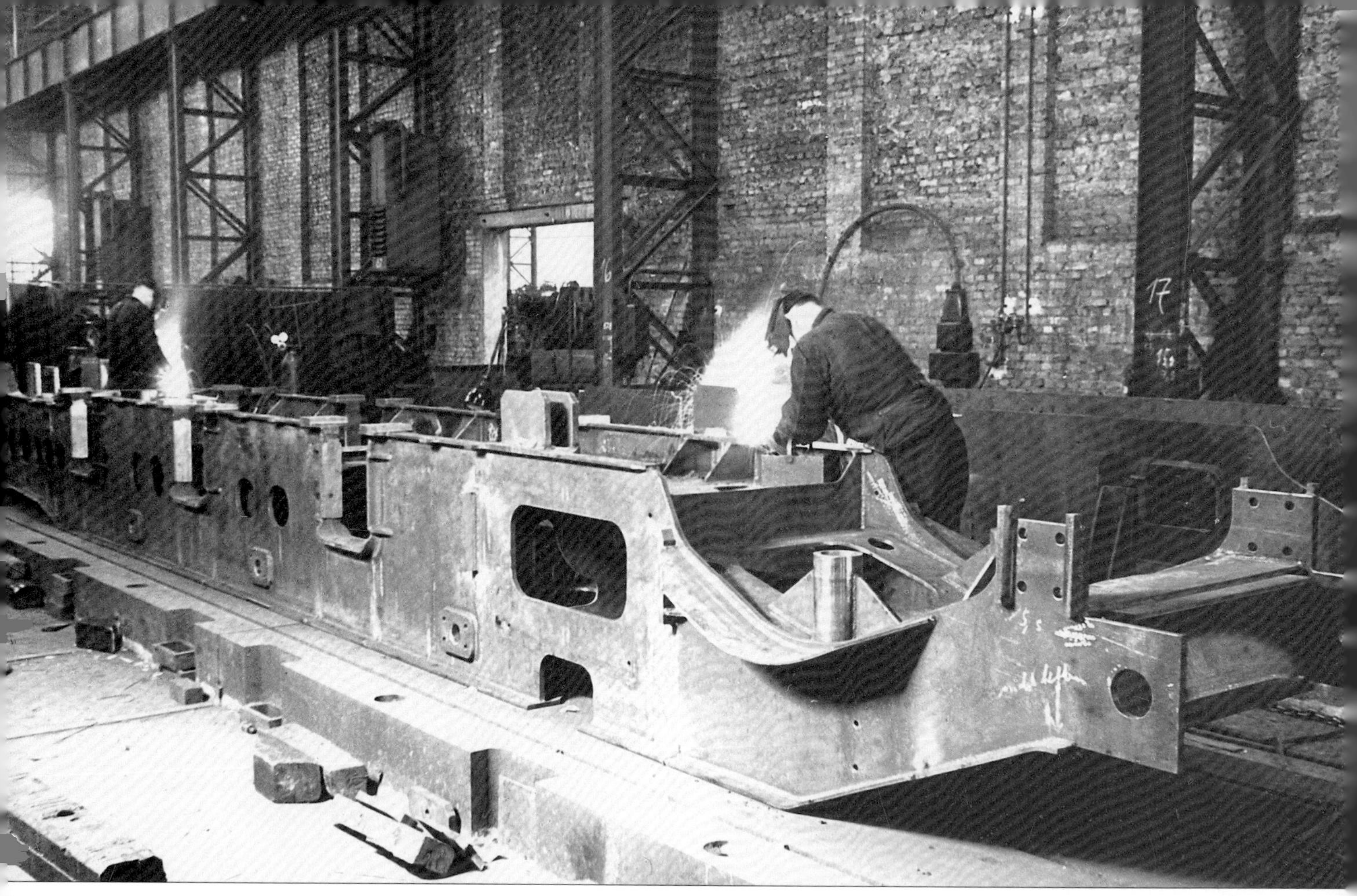

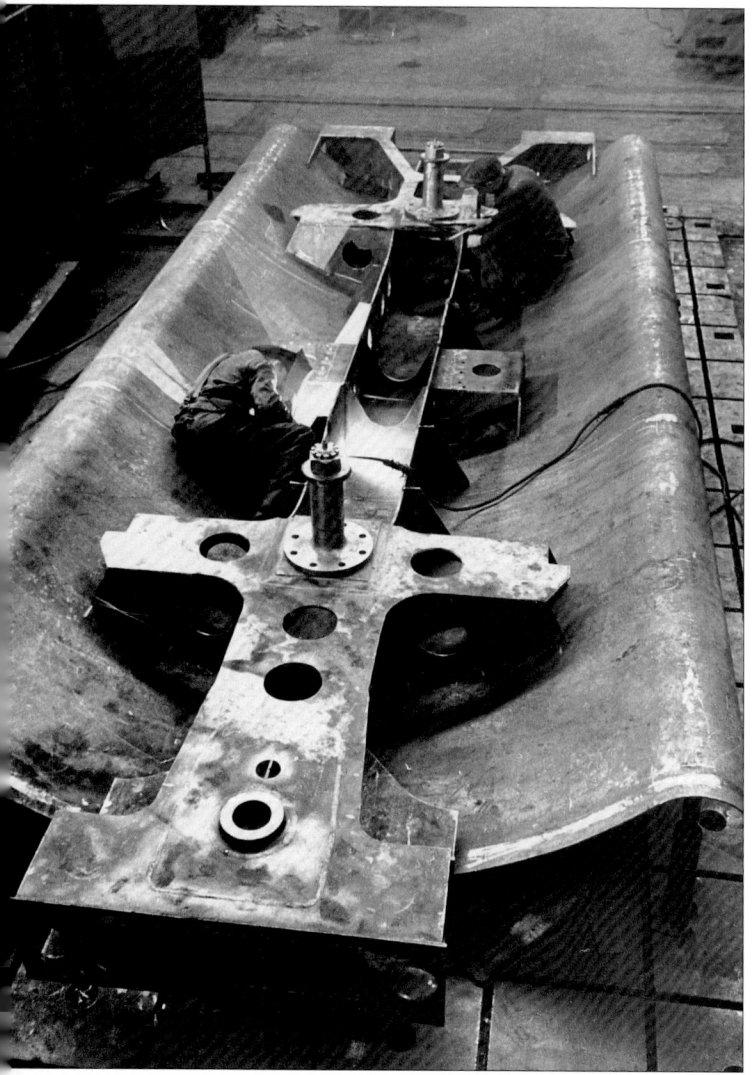

GANZ OBEN Schweißarbeiten an einem 23-Rahmen, gesehen von vorne, 1950.

OBEN Der Rahmen des Schleppachsgestells wird zusammengeschweißt.

LINKS Der leichte Rahmen eines 23er-Tenders wird am nach innen gewölbten Tenderboden angeheftet.

Zu den letzten Arbeiten am Kessel gehörten der Einbau des Heißdampfreglers und der Überhitzerelemente. Die beiden Arbeiter haben sich in der Rauchkammer einen leidlich bequemen Arbeitsplatz hergerichtet.

Der Tenderaufbau wird an der Bodenwanne angeheftet. Gerade werden die Schwallbleche eingebaut.

Am fertig geschweißten Rahmen, an den auch schon die ersten Untersätze angebaut sind, werden die Achslagerausschnitte „geschrubbt".

Ein Schweißkarussell erlaubte es bei Henschel, den Tenderkasten mit einer Handkurbel in alle möglichen Lagen zu drehen, um Einzelteile ohne Verrenkungen anschweißen zu können, Tender in rechter Seitenlage von vorn-oben, 1950.

Der Rahmen von 23 001 wird komplettiert; Rauchkammerträger und Führerhausunterbau sind schon montiert, 1950.

GANZ OBEN An der linken hinteren Kuppelstange für eine 23 wird gerade das Auge für den Treibzapfen ausgedreht, 1950.

OBEN Mehrere fertiggestellte und probeweise zusammengesetzte Achslager, 1950

LINKS Blick auf eine einbaufertige Radsatzgarnitur von vorne. Gut ist die Anlenkung des Lenkgestells an die erste Kuppelachse zu erkennen, 1950.

Der Ausschnitt in einer Schwinge für die Kuhnsche Schleife wird feinbearbeitet.

Nur die hinteren Treibstangenlager waren bei den Gleitlager-23 nachstellbar und entsprachen noch der alten Reichsbahn-Norm.

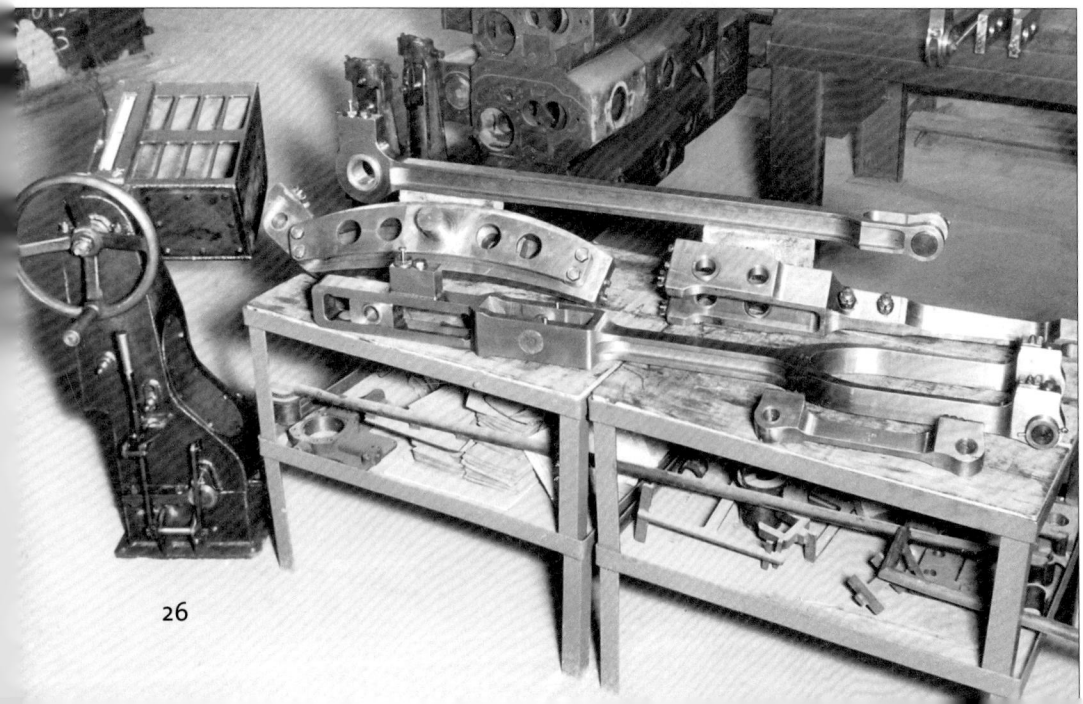

Eine komplette Steuerung mit Schwinge, Schwingenstange, Schieberschubstange, Lenker und Voreilhebel. Auch eine Instrumentensäule steht einbaufertig daneben, 1950.

An der linken hinteren Kuppelstange für eine 23 werden gerade die Lagerausgüsse passend ausgedreht, 1950.

Nach der Fertigstellung sind hier drei rechte vordere Kuppelstangen, dahinter drei passende hintere Kuppelstangen und ganz hinten vier rechte Treibstangen aufgestellt.

Ein fertig geschweißter und bereits gespachtelter Tenderkasten während der Endmontage, 1950.

Zwei Tenderdrehgestelle während der Endmontage.

Einbaufertiges Tenderdrehgestell.

LINKS UND RECHTS 23 001: Fertiger Tender der 23 001 in der Endmontagehalle, 1950

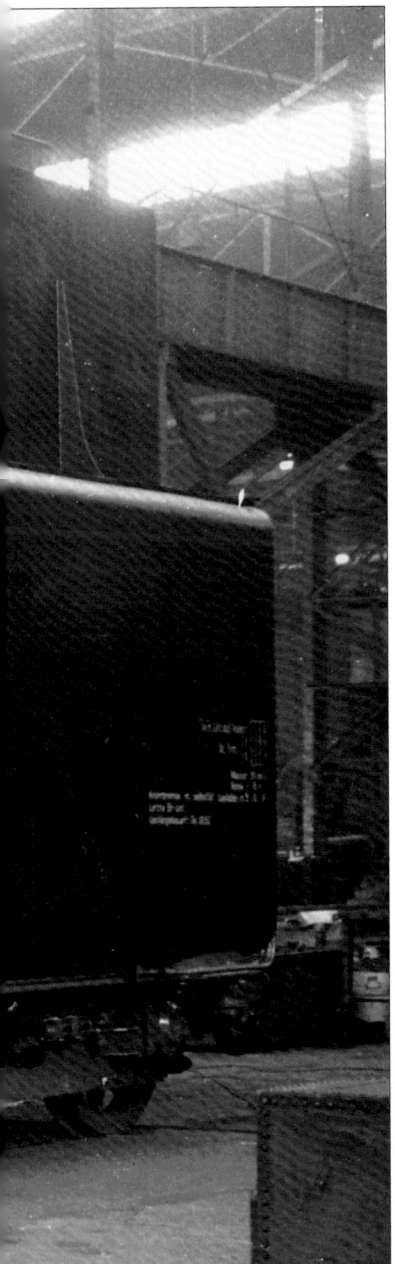

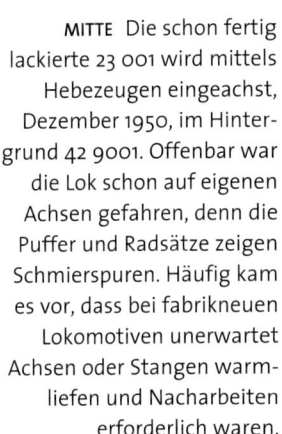

MITTE Die schon fertig lackierte 23 001 wird mittels Hebezeugen eingeachst, Dezember 1950, im Hintergrund 42 9001. Offenbar war die Lok schon auf eigenen Achsen gefahren, denn die Puffer und Radsätze zeigen Schmierspuren. Häufig kam es vor, dass bei fabrikneuen Lokomotiven unerwartet Achsen oder Stangen warmliefen und Nacharbeiten erforderlich waren.

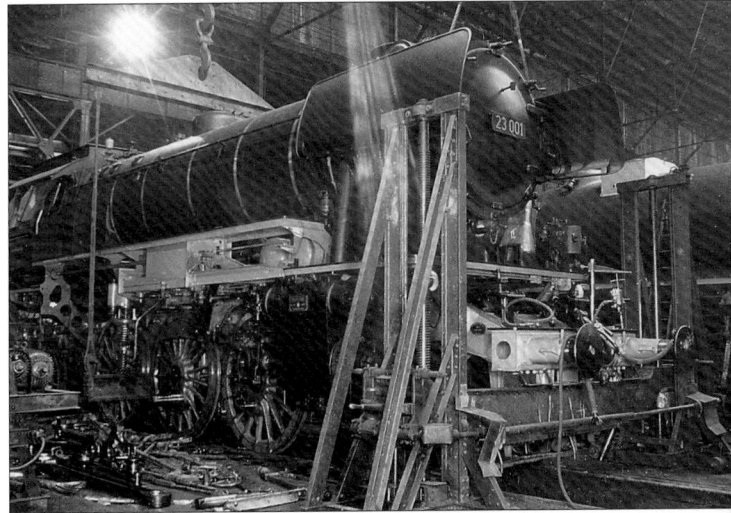

RECHTS Die Steuerschraube der 23 001 in eingebautem Zustand. Die Steuerung steht erkennbar auf Mitte. Die empfindliche Schraube wird noch durch einen Blechkasten vor hochwirbelndem Sand geschützt.

Der Platz des Lokführers auf 23 001. Steuerungshandrad, die wichtigen Anzeigen, damals noch mit radioaktiver Leuchtmasse belegt, der Geschwindigkeitsmesser und Seitenzugregler befinden sich in günstiger Position, nur die hochstehende Riegelstange für die Steuerung stößt an die Knie, November 1950.

OBEN 23 001 kurz vor der Fertigstellung im Henschel-Werkshof im November 1950, dahinter 82 032. Die ersten Probefahrten unternahmen beide Lokomotiven noch ohne Beschilderung, aber schon im endgültigen Lack.

RECHTS Als 23 001 schon an die Bundesbahn abgeliefert war, waren für die nächsten Loks schon die Tender fertig. Zwei der Gefährte standen im Dezember im Schneeregen draußen, vermutlich, weil sie mit Vorräten gefüllt werden sollten.

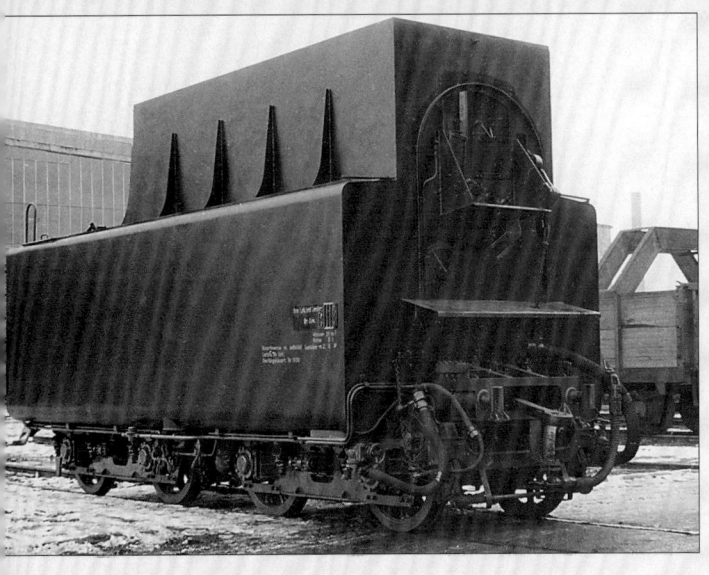

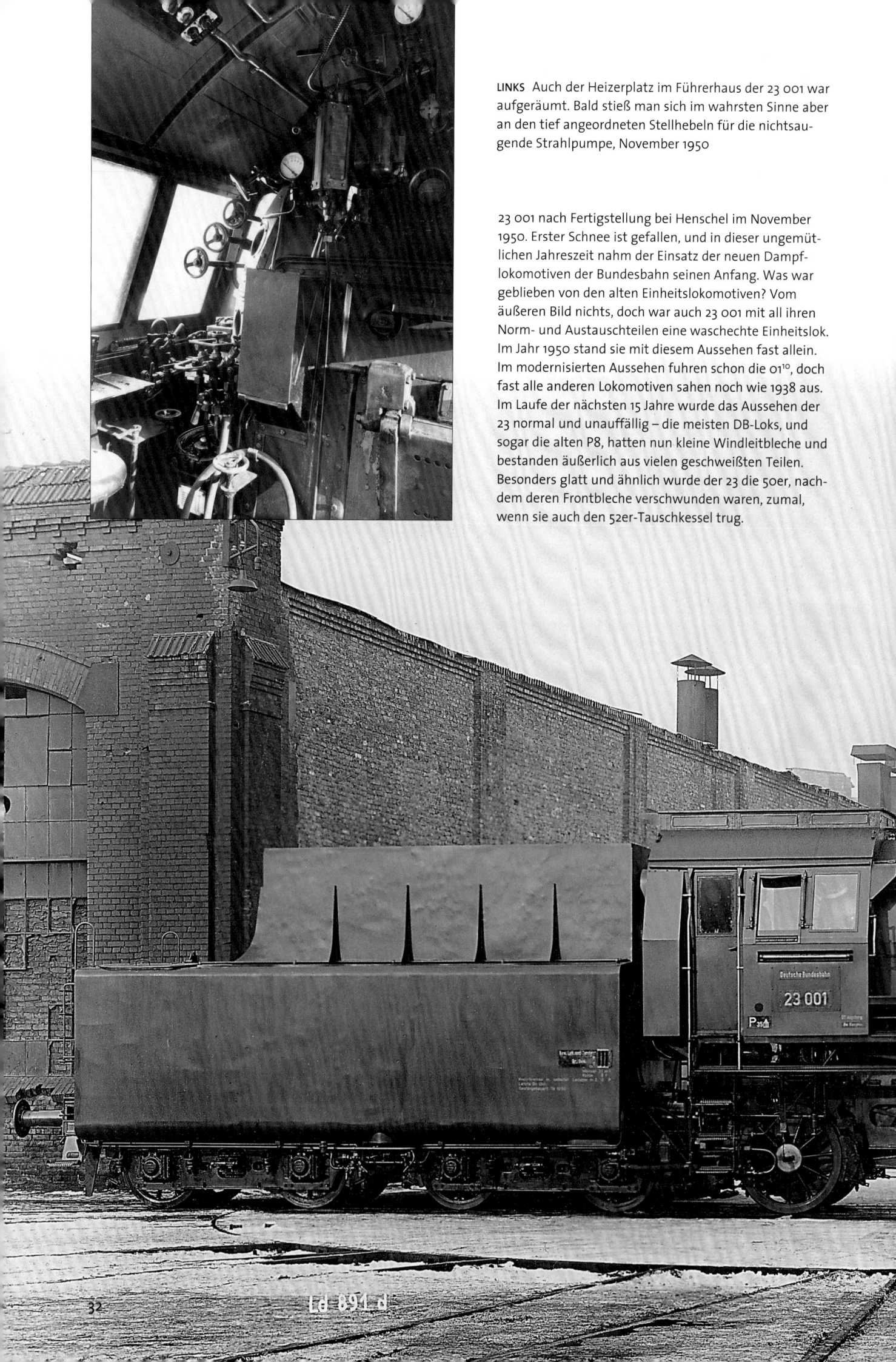

LINKS Auch der Heizerplatz im Führerhaus der 23 001 war aufgeräumt. Bald stieß man sich im wahrsten Sinne aber an den tief angeordneten Stellhebeln für die nichtsaugende Strahlpumpe, November 1950

23 001 nach Fertigstellung bei Henschel im November 1950. Erster Schnee ist gefallen, und in dieser ungemütlichen Jahreszeit nahm der Einsatz der neuen Dampflokomotiven der Bundesbahn seinen Anfang. Was war geblieben von den alten Einheitslokomotiven? Vom äußeren Bild nichts, doch war auch 23 001 mit all ihren Norm- und Austauschteilen eine waschechte Einheitslok. Im Jahr 1950 stand sie mit diesem Aussehen fast allein. Im modernisierten Aussehen fuhren schon die 01[10], doch fast alle anderen Lokomotiven sahen noch wie 1938 aus. Im Laufe der nächsten 15 Jahre wurde das Aussehen der 23 normal und unauffällig – die meisten DB-Loks, und sogar die alten P8, hatten nun kleine Windleitbleche und bestanden äußerlich aus vielen geschweißten Teilen. Besonders glatt und ähnlich wurde der 23 die 50er, nachdem deren Frontbleche verschwunden waren, zumal, wenn sie auch den 52er-Tauschkessel trug.

OBEN RECHTS Die 1951 neu gebaute 52 889 diente als Versuchsträger für die nächste 23-Bauserie und erhielt u.a. einen Kastendachlüfter mit Lüftermotor und drehende Klarsichtscheiben.

Bereits während der ersten Bauserie begann die Überarbeitung der Bauart. So erhielt die im April 1951 bei Henschel fertiggestellte 23 015 ab Werk eine Fußraste zur Feststellung des Steuerungshandrades (links oben), klappbare Lampenhalter zur Erleichterung des Schieberausbaues (links), eine Spurkranzschmierung Bauart de Limon, weil die Laufachsen schnell scharf liefen (links unten) und eine verbesserte nichtsaugende Strahlpumpe (unten).

RECHTS Die Firma Fischer AG (FAG) in Schweinfurt stellte 1952/53 die Rollenlager für die „Super-23" 23 024 her. Die Radkörper lieferte im Auftrag der Fa. Jung, die dieses 23-Baulos fertigte, die Henrichshütte Hattingen nach Schweinfurt. Die FAG baute die Achsen zusammen und lieferte diese zusammen mit allen Stangen zur Fa. Jung. Hier werden bei der FAG gerade die Achsrollenlager eingebaut.

UNTEN Herstellung von Lagerringen bei „Kugelfischer", 1953.

Ein zusammengebauter Kuppelradsatz für 23 024. Offenbar muss ein Lager noch gefettet werden, sonst wäre es in diesem Bauzustand schon geschlossen.

„Baukasten" mit Kuppelstangen, Treibstangen und diversen Lagern für Triebwerk und Steuerung der Lok 23 024, 1953.

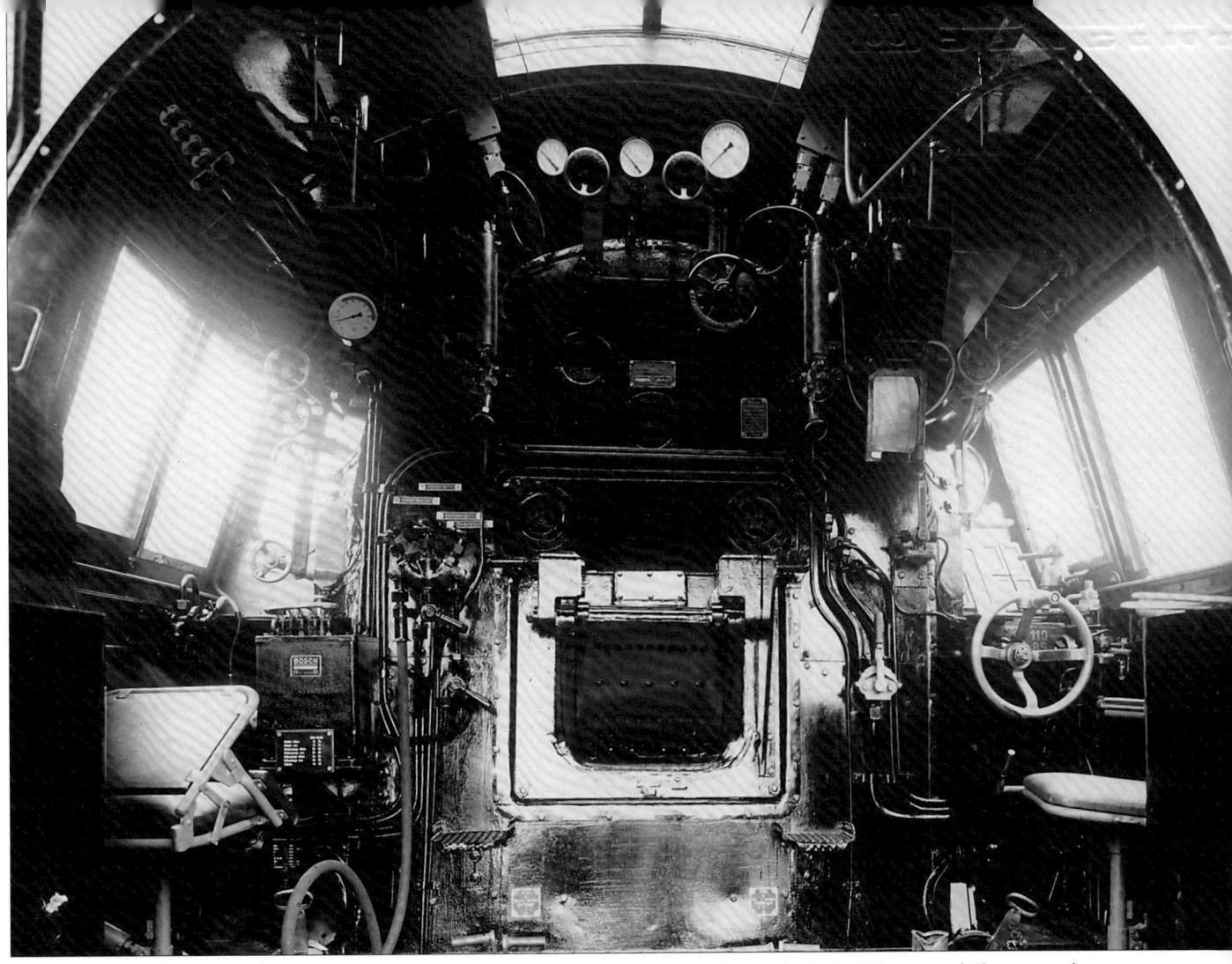

Ein Blick in den „Sozialführerstand" der 23 024. Ein steiler gestelltes Pult, schwingende Sessel mit Armlehnen, ein höheres, rundes Dach mit eingezogenen Dachlüftern, rotierende Klarsichtscheiben, ein Drahtglas-Dachfenster ...

Am 11. Juni 1953 lieferte die Lokomotivfabrik Jung die äußerlich deutlich vom bisherigen Bild der 23 abweichende 23 024 ab. Ins Auge fiel vor allem der Mischkasten des Henschel MVC-Vorwärmers.

23 044 war die erste 23 von Krupp, wurde am 14. Juni 1954 vom Hersteller abgeliefert, aber erst am 20. August 1954 abgenommen. Hier ist sie am Ablieferungstag, noch ohne Windleitbleche, auf Werksprobefahrt vor dem Anheizschuppen der Lokfabrik zu sehen.

LINKS Den beiden Mischvorwärmer-23 folgte 1954 die größte Einzelserie. Die Maschinen waren, weil die Versuche mit 23 024 und 025 noch nicht abgeschlossen waren, wieder mit Oberflächenvorwärmern und Gleitlagern ausgerüstet. Das runde Führerhausdach allerdings hatte man schon übernommen. Neu ist auch, dass die Versteifungsrippen des Kohlenkastens nach innen verlegt sind. Diese Loks hatten auch einen kleineren Dom. 23 033 wurde von Henschel gebaut, im September 1954 in Dienst gestellt und vom Bw Paderborn im Schnellzugdienst eingesetzt.

UNTEN Auch 23 047 gehörte zu dieser Krupp-Serie. Auch sie wurde während der letzten Nacharbeiten in der Kruppschen Lokfabrik aufgenommen, bevor sie am 25. August 1954 abgeliefert wurde. Abgenommen wurde auch sie erst einen Monat später. Die Schilder haben mittlerweile Alu-Ziffern. Bei Krupp hatte es sich anders als bei Henschel bislang nicht herumgesprochen, dass die Gattungsschilder entfallen sollten.

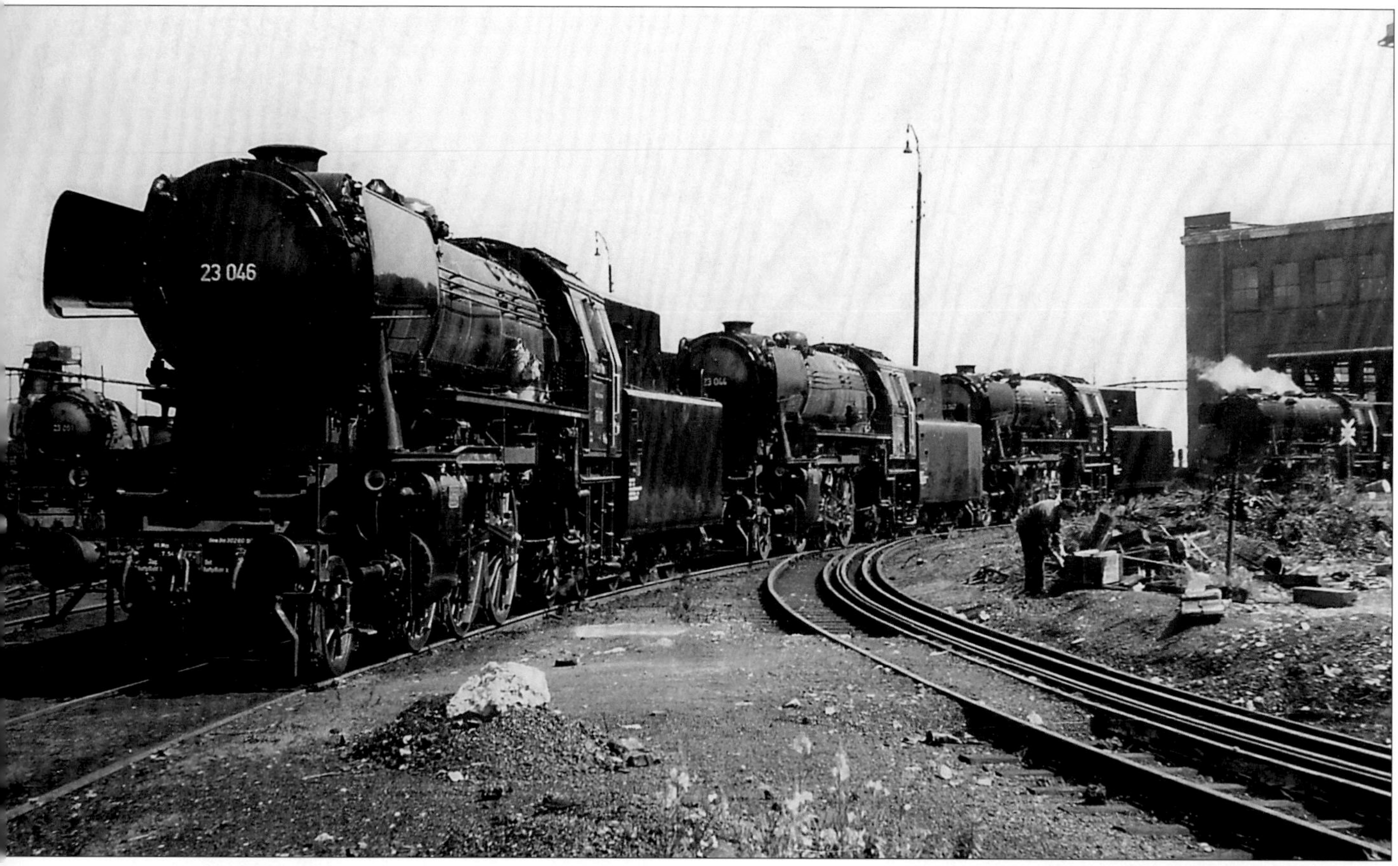
23 046

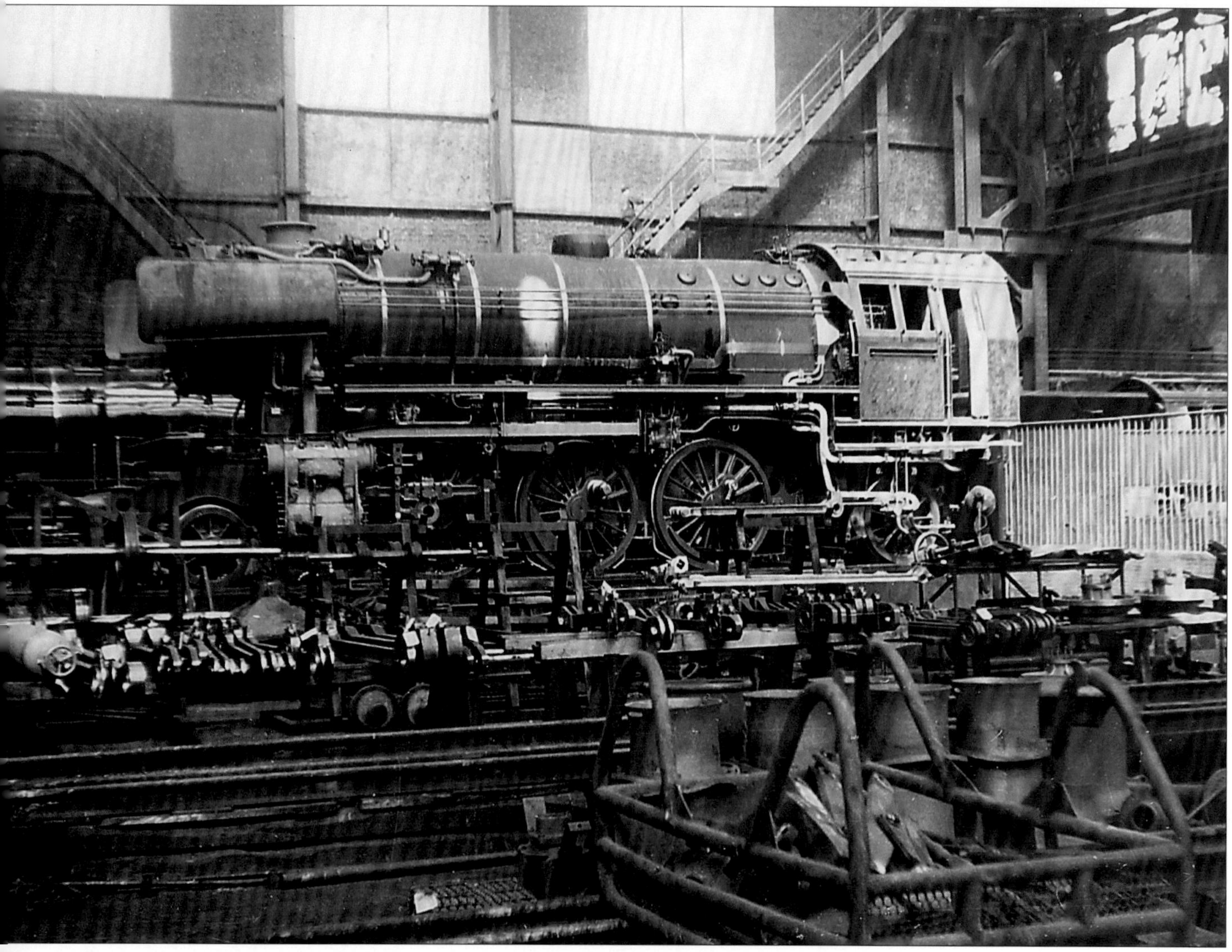

LINKS Am 16. August 1954 wurden die schon abgelieferten und im AW Mülheim-Speldorf stehenden Loks 23 044 – 046 aus der ersten Krupp-Serie ins Herstellerwerk zurückgerufen und zusammen mit den mittlerweile schon fertiggestellten 23 047, 48 und 051 von Beamten des BZA Minden begutachtet, weil bei ihnen die Regler ständig undicht waren. Zwischen Anheizschuppen und Richthalle stehen auf diesem Bild des damaligen Krupp-Praktikanten Manfred van Kampen (†) von links nach rechts 23 051, 046, 044, 047, 048, alle unter Dampf. Van Kampen verdanken wir weitere bei Krupp aufgenommene Bilder aus dieser Zeit und die Idee zu diesem Buch.

RECHTS/UNTEN Mit 23 053 begann 1955 der Serienbau der Mischvorwärmer-23. Verwendet wurde nicht der einfache Henschel-Vorwärmer, sondern der komplizierte, zweistufige Heinl-Mischvorwärmer, der in der zweiten, unter Druck stehenden Stufe das Speisewasser bis 120 °C erwärmen konnte. 23 055 war die dritte Krupp-Lok dieser Bauart. Von ihr wurde ein retuschiertes Fabrikbild hergestellt.

LINKS UNTEN 23 052, die letzte der ersten Krupp-Serie, wurde am 12. November 1954 an die Bundesbahn abgeliefert. Kurze Zeit zuvor entstand das Bild der in der Endmontage stehenden Maschine.

Zwei Details des Heinl-Mischvorwärmers der von Jung 1955 gebauten 23 068: Links zweistufige Mischvorwärmerpumpe und unter der Rauchkammer die Mischkammer, rechts Mischgefäß und senkrecht davor der Wasserheber, eine Art Strahlpumpe.

Ganzansicht der Mischvorwärmer-23, in diesem Falle 23 077 der Maschinenfabrik Esslingen, die 1957 abgenommen und beim Bw Oldenburg beheimatet wurde.

1955/56 herrschte bei der FAG Hochbetrieb, da der Serienbau der Mischvorwärmer-23 im Gange war. Vor der Ablieferung wurden die vollständigen Garnituren einmal zusammengestellt.

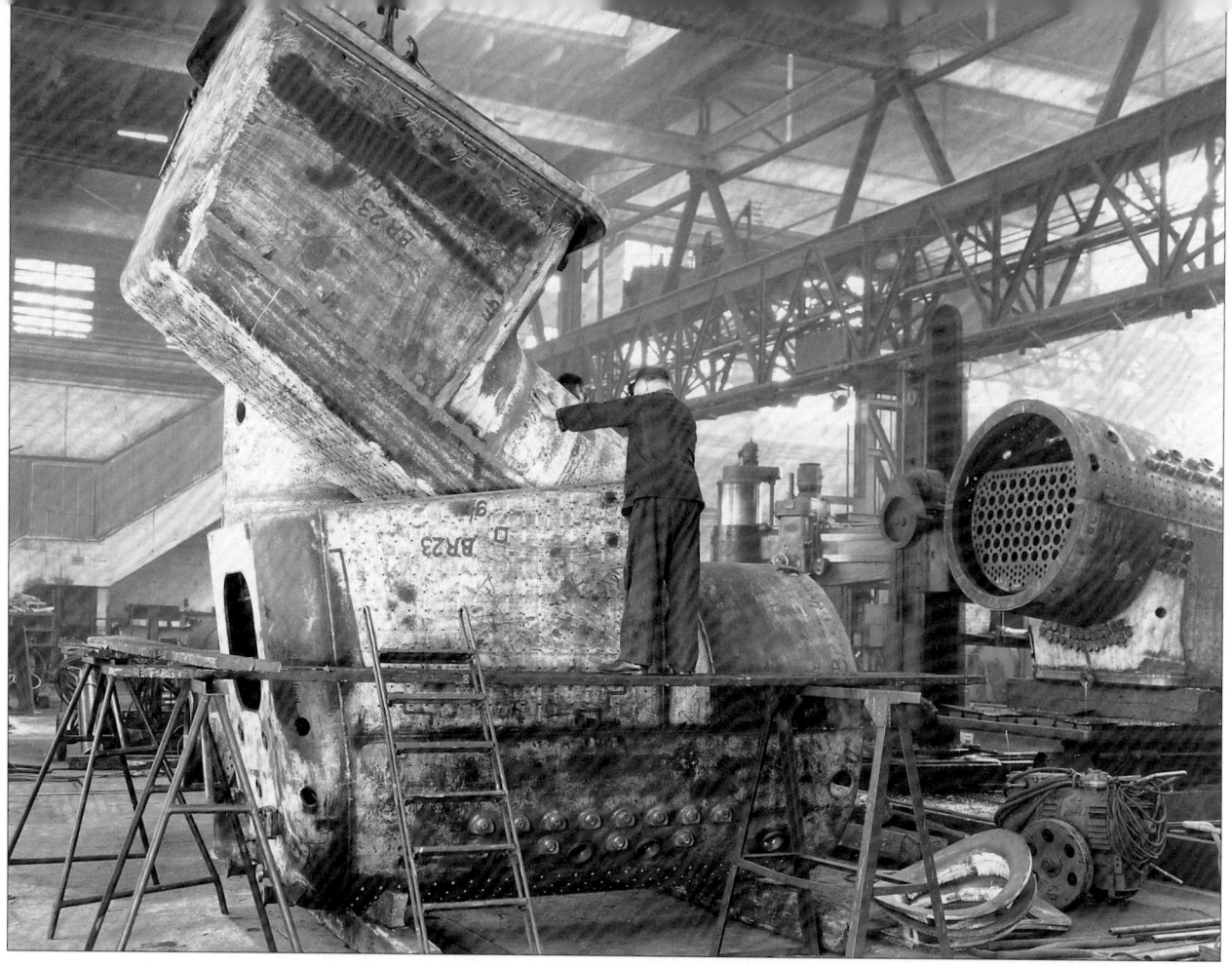

Es folgt eine verkürzte Reportage vom Bau der verstärkten Mischvorwärmer-23. 23 077 – 080, ganze vier Maschinen stellte die Maschinenfabrik Esslingen 1957 her. Die dabei aufgenommenen Bilder sind dennoch motivlich und technisch von höchster Qualität und mit Genuss zu betrachten. Die beiden Bilder dieser Seite wurden in der Kesselschmiede aufgenommen. Oben wird eine Feuerbüchse in einen Stehkessel gesetzt, während rechts ein schon fertiger Stehkessel steht, und unten werden die Stehbolzen in der Feuerbüchse angeschweißt. Hierbei muss die Naht aufs Blech gelegt werden, damit man im Schadensfall die Schweiße abflexen und den Bolzen herausziehen kann.

Die Maschinenfabrik Esslingen besaß einen sehr guten Maschinenpark. Hier ist ein Tenderkasten zu Beginn der Ausrüstung eingespannt, und das Fräswerk ist vor die Unterseite gefahren. Vermutlich werden die Hülsen für die Drehgestellbolzen auf Maß gebracht.

Für die Rollenlager-23 musste der Rahmen umkonstruiert werden, da diese größere Lagerausschnitte benötigten. Detailansicht mit letztem Kuppelachsausschnitt und Schleppachsausschnitt. Rechts der Bildmitte sind die zwei Blechhalter für die Ausgleichshebel zu erkennen. Durch Umstecken des Bolzens ins linke oder rechte Loch konnte man die Laufachsen mehr oder weniger belasten und auf diese Weise den Kuppelachsdruck auf 17 oder 19 t einstellen.

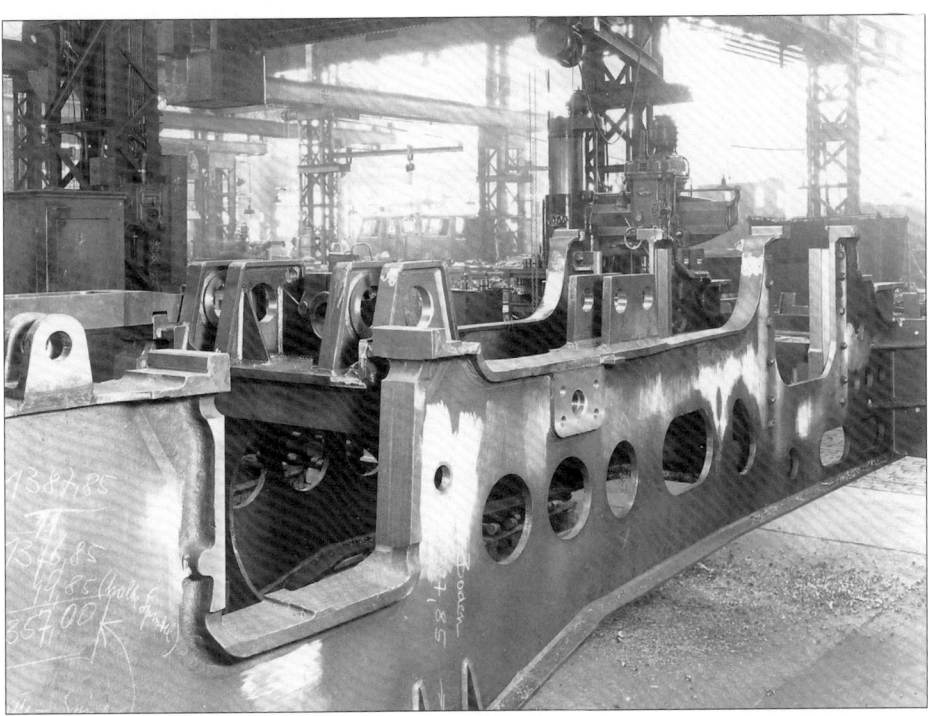

Ein fertig geschweißter Rahmen in der Maschinenfabrik Esslingen, von vorne gesehen.

Der erste 23-Kessel der Maschinenfabrik Esslingen ist fertiggestellt und zur Dampfdruckprobe ins Freie gerollt worden. Von den früheren 23-Kesseln unterscheidet er sich durch den Mischvorwärmer, dessen Mischkammer vorne unter dem Langkessel, den Warmwasserspeicher hinter dem vorderen Kesselträger, den aufgenieteten Dom und den Durchbruch für den Dampfbläser Bauart Gärtner oberhalb der Feuertür. Von vorne sind die Nische für die Mischvorwärmer-Speisepumpe, der Mischbehälter und der Warmwasserspeicher noch besser zu erkennen.

Die Radsatzgruppe für die erste Esslinger 23 steht einbaufertig ausgerichtet. Auffällig ist die verstärkte Bauart der Rollenlager-Kuppelachsen.

Die Maschinenfabrik Esslingen stellte alle vier Aschkästen praktischerweise in einem Arbeitsgang her. Hier stehen sie zum Einbau bereit.

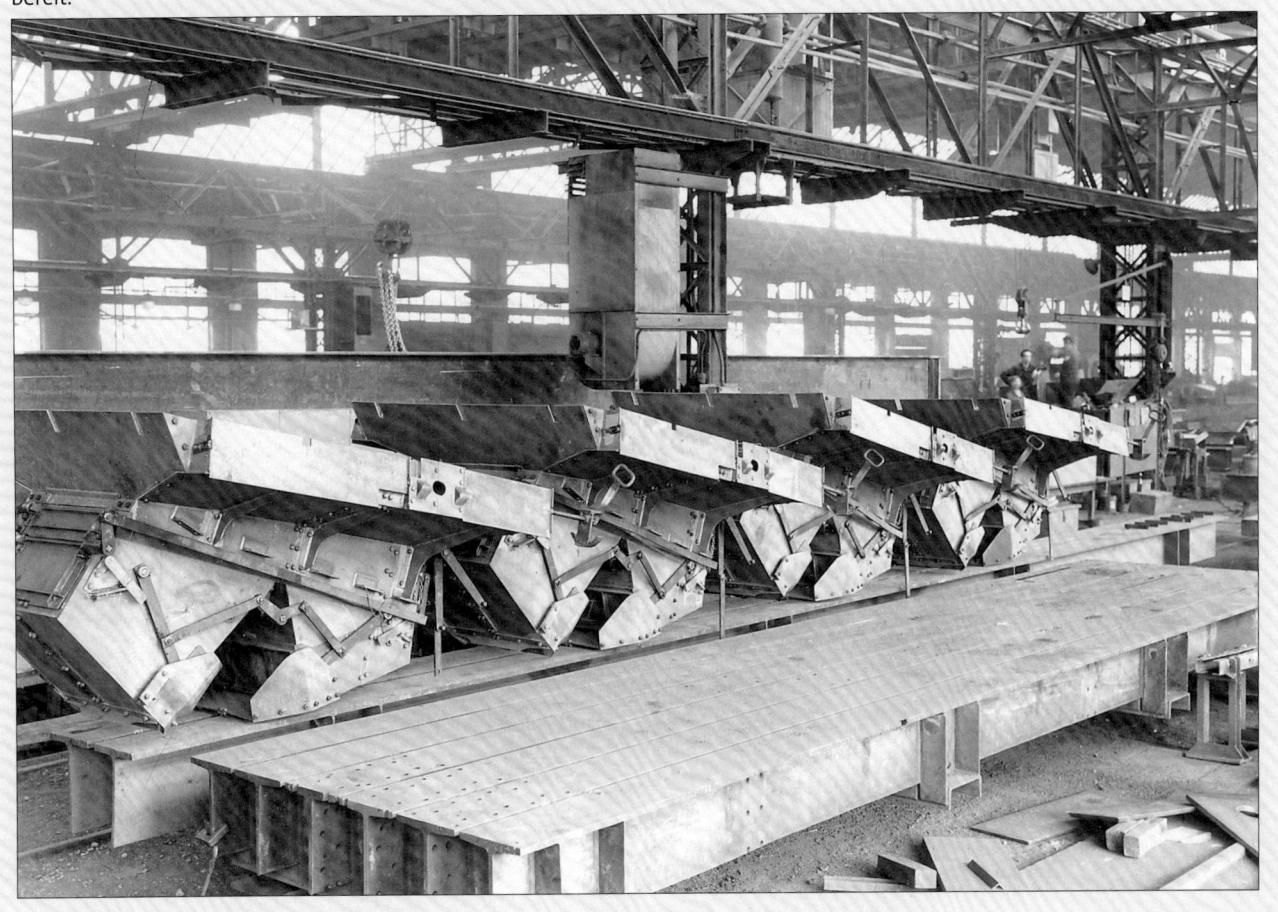

Vorderes Lenkgestell für 23 080 in einbaufertigem Zustand von schräg hinten gesehen.

Ein Schleppachsgestell mit Deichsel von vorne. Auch dieses ist fertig und voll ausgerüstet.

Die erste Lok 23 077 während der Endmontage. Die geöffnete Rauchkammertür erlaubt einen Blick auf die oben eingebaute Mischkammer des Vorwärmers. Überwacht werden die Arbeiten durch Dipl.-Ing. Wolfgang Messerschmidt, der auch als Autor früher Eisenbahnfreunde-Bücher bekannt wurde.

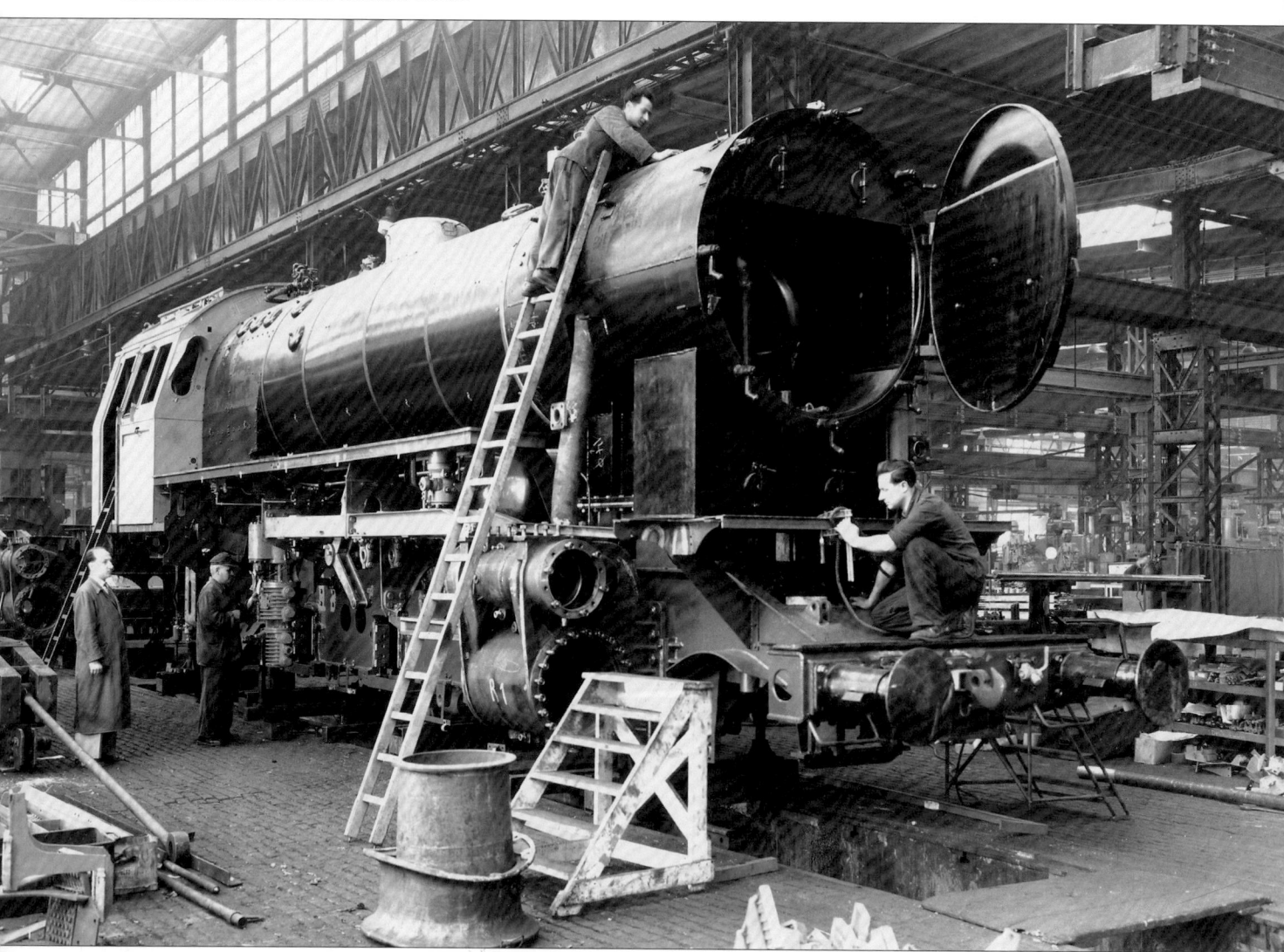

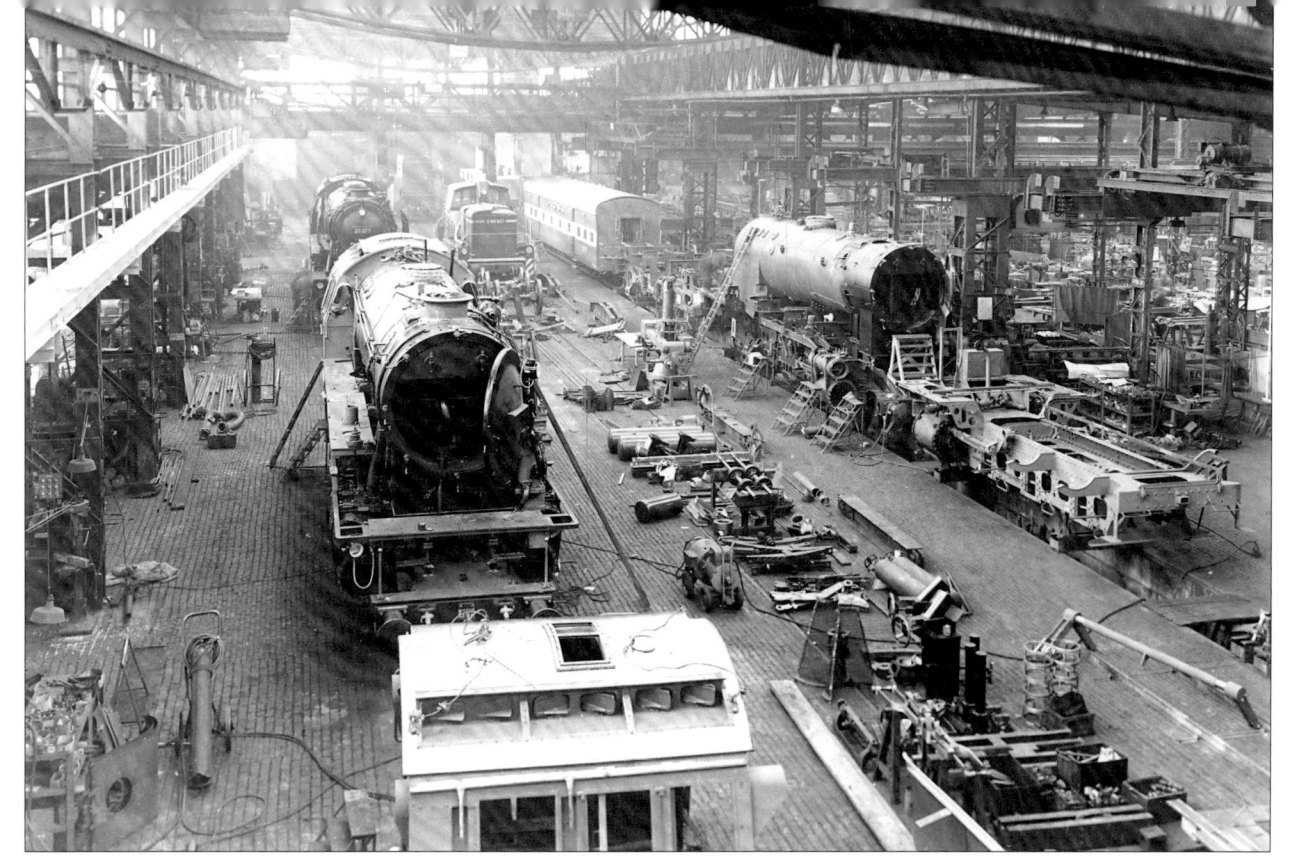

Ein Überblick auf die Montagehalle bei der Maschinenfabrik Esslingen. Links hinten ist 23 077 bereits fast fertiggestellt, davor steht eingeachst und während der letzten Komplettierungen 23 078, ganz vorne das Führerhaus für die rechts hinten sichtbare 23 079, und direkt hinter ihr erkennt man den noch kessellosen Rahmen der 23 080. Eine C-Dampfspeicherlok und die V60 021 sind auch noch in der Montage. Der Blick in die Gegenrichtung mit V60 021 und 23 077 vorne, dahinter 23 078, und 23 079 und V60 331 hinten links. Hier sieht man, dass die Wassereinläufe des Tenders sowohl vom Führerhaus wie auch vom Boden aus zu öffnen und zu schließen waren.

23 080 in der Maschinenfabrik Esslingen, Blick ins Führerhaus von hinten, 1957. Die Lok ist fertig, und im Führerhaus fehlt noch nicht einmal der Kohlennässschlauch. Oberhalb der Feuertür sind Zuleitung und Betätigungsgriff des Gärtner-Rußbläsers zu sehen.

Das einbaufertige Führerhaus für die dritte Lok (23 079) von schräg hinten.

23 077 während der abschließenden Bewegungsversuche auf dem Werkshof der Maschinenfabrik Esslingen im September 1957 vor dem Hintergrund der Bundesbahngleise und von Weinbergen. Anschließend wird sie an die DB abgeliefert, dort untersucht und abgenommen und anschließend beim Bw Oldenburg beheimatet werden.

Der fertiggestellte und mit Wasser wie Kohle gefüllte Tender für 23 078 während des Verwiegens. Von den Tendern der frühen 23er unterscheidet er sich durch die Gummiwülste als Abdichtung zum Führerhaus und durch die drei Kuppeleisen.

23 105 (Bw Minden) auf dem Ausziehgleis ihres neuen Heimat-Bw Minden nach Norden kurz nach der Inbetriebnahme. Um die Indienststellung der letzten DB-Dampflok hatte man gar kein Aufhebens gemacht. Die Ablieferung durch die Lokfabrik Jung geschah geschäftsmäßig und schmucklos. 23 105 wird als Museumslok der DB erhalten.

Baureihe 65

Zum ersten Typenprogramm von Neubau-Dampflokomotiven der DB gehörte auch eine Mehrzwecklokomotive. Als Projekt hatte sie noch „Baureihe 93 Neu" geheißen. Nichts anderes als diese sollte sie eigentlich befördern: Schwere Reisezüge im Vorortdienst mit Übergang auf Nebenbahnen und Güterzüge auf gut ausgelasteten, auch steigungsreichen Strecken des Nebennetzes.

Wie bei der 64er wählte man für diesen Zweck Kuppelradsätze mit 1500 mm Raddurchmesser, aber ein ungleich stärkeres Triebwerk. Mit knapp unter 17 t Achslast und einem Reibungsgewicht von 67 t war die Lok in der Lage, einen Güterzug von mehr als 500 t auf einer 10-Promille-Steigung mit noch 40 km/h zu schleppen. Einen Reisezug von 680 t hingegen konnte sie in der Ebene mit ihrer Höchstgeschwindigkeit von 85 km/h befördern. „Wie eine Ellok" könne man mit ihr anfahren, meinten Lokführer. Das erste Baulos umfasste 13 Maschinen, die von Henschel entworfen, aber bei der Fa. Krauss-Maffei in München im Jahr 1951 gebaut wurden. Die Fabriknummern waren 17661 – 17673. Prinzipiell waren sie von gleicher Bauart wie die 23er und besaßen auch etliche mit dieser übereinstimmende Armaturen und Aggregate, wie z.B. die nichtsaugende Strahlpumpe und Kolbenspeisepumpe mit Oberflächenvorwärmer. Andersartig als die 23 wirkten die 65er auf den ersten Blick durch das Fehlen eines lokbreiten Standbleches unterhalb der Rauchkammer. Bei ihr gab es nur eine freistehende Trittstufe und auf den Zylindern befestigte Lampen, ganz wie bei der Kriegslok BR 42. Wegen der Lage von Luft- und Speisepumpe war keine andere Bauart möglich. Nur auf den zweiten Blick fiel auf, dass sie als einzige Einheitslok seit der BR 80 über eine gerade Speichenzahl in den Kuppelachsen verfügte. Insgesamt war die Baureihe 65 angesichts ihres profanen Zweckes eine schön und zweckmäßig aufgebaute Maschine. Ihre hohe Leistungsfähigkeit stellte sie ab

Vor der Ablieferung der 65 001 an die Bundesbahn entstand dieses Fabrikfoto auf dem Firmenhof von Krauss-Maffei in München-Allach im Februar 1951.

1951 beim Bw Darmstadt im Vorortdienst und auf den steigungsreichen, in den Odenwald führenden Strecken unter Beweis. Die übrigen Loks kamen in die Direktion Wuppertal zu den Bw Düsseldorf-Abstellbahnhof und Letmathe.

1955/56 wurde eine zweite Serie von fünf Maschinen aufgelegt. 65 014 – 018 (Krauss-Maffei 17893 – 17897) unterschieden sich hauptsächlich durch den Henschel-Mischvorwärmer und das runde Führerhausdach von den ersten 13 Loks. Nur 65 018 besaß versuchsweise ein Leichtbautriebwerk, da das schwere Triebwerk der übrigen Loks zu unruhigem Lauf und Rahmenschäden geführt hatte. Die Nachbauloks kamen zusammen mit 65 012 und 013 zum Bw Essen Hbf und bewährten sich bis 1966 im Stadtbahndienst mit schweren Zügen und vielen Anfahrten. Hervorzuheben ist, dass sie mit einer indirekten Wendezugsteuerung ausgerüstet waren, im Zielbahnhof also nicht umsetzen mussten, sondern schiebend den Rückweg antreten konnten. Durch ihren schnellen Antritt konnten sie ohne Schwierigkeiten mit den in gleichen Diensten eingesetzten, 100 km/h schnellen 78ern mithalten. 1966 kamen alle Essener Loks in die BD Frankfurt, die schon nichts Rechtes mehr mit ihnen anfangen konnte. Verlegenheitsdienste in Limburg und Dillenburg folgten, und 65 007 wurde noch 1966 z-gestellt. Auch die Darmstädter Loks wurden in den nächsten Jahren durch Abstellungen reduziert. 1970 kamen die letzten zum Bw Aschaffenburg, das sie im Nebenbahndienst zusammen mit 64ern bis Ende 1972 „aufbrauchte". Da man die 64er schadlos bis 100 km/h ausfahren konnte, tat man das auch mit den 65ern. Fast alle Loks schieden deshalb wegen Rahmenschäden aus. 65 018 blieb erhalten, zunächst im Deutschen Dampflokmuseum in Neuenmarkt-Wirsberg, sodann bei der Stoom-Stichting Nederland. Sie war mit der Neubaudampflok 23 023 schon verschiedene Male zu Gast im DGEG-Eisenbahnmuseum Bochum-Dahlhausen.

Die bereits mit allen Rohrlöchern versehene Rauchkammerrohrwand für Kessel 3 wird passgenau in den Rohrwandring gesteckt. Auch hier ist leichtes Nachstemmen nötig, damit alles gut passt. Anschließend werden beide Teile von vorne und von hinten zusammengepunktet und sodann verschweißt. Dieser Ring wird später zwischen Langkessel und Rauchkammer bündig eingeschweißt.

Langkessel 7 nimmt Form an: Die beiden Schüsse samt dem Oberteil mit ausgepresstem Domfuß sind fertig verschweißt, die Rauchkammerrohrwand dagegen ist zunächst nur festgepunktet. Auch hier gilt anschließend: strikte Einhaltung des Schweißplans, um Verzug auszuschließen.

Die Rauchkammerrohrwand wird vor den Langkessel geschweißt. Während der Schweißer über einen für die damalige Zeit guten Schutz verfügt, bleibt den Helfern nichts, als die Augen mit einer Hand abzublenden.

Blick von hinten in den Langkessel 7. Ob die Beseitigung von Schweißschlacke von der Naht beider Langkesselschüsse mittels Hammer und Meißel wohl probat ist? Hilfsabsperrventil und Reglerrohr sind bei Krauss-Maffei in so frühem Arbeitsstadium übrigens schon eingebaut.

Die Rauchkammer ist mit dem Rauchkammerrohrwandring verpunktet und wird in der Drehvorrichtung nun durchgeschweißt. Hier fehlen Domoberteil und Hilfsabsperrventil noch. Praktischerweise kann erst nach diesem Arbeitsgang der Stehkessel angebracht werden. Ein geschweißter Kessel besteht somit aus vier Großteilen: Rauchkammer, Rohrwandring, Langkessel und Stehkessel.

Vor dem Ansetzen des Langkesselhinterteils an den Stehkessel muss ein provisorischer Verstärkungsring eingeschweißt werden, damit der Langkessel letztendlich auch gerade vor dem Stehkessel sitzt. Die Stehbolzenlöcher sind bereits dünn vorgebohrt. Es lohnt ein Vergleich mit der Esslinger Arbeitsweise (Seite 85).

UNTEN Ein Stehkessel entsteht. Seitenwände, Rückwand und Decke sind verschweißt, die Stehbolzenlöcher angezeichnet und dünn vorgebohrt, und nun werden die gesetzten Nähte geputzt.

Knochenarbeit für zwei Arbeiter: Der nicht exakt zylindrische Längsschuss der Verbrennungskammer muss in Form gebracht werden.

Der auch beim Punkten unvermeidliche Schweißverzug zwischen Verbrennungskammerrohrwand und Längsblechen wird weggestemmt.

Der aus U-Eisen gebogene Bodenring wird mit der Feuerbüchse verschweißt.

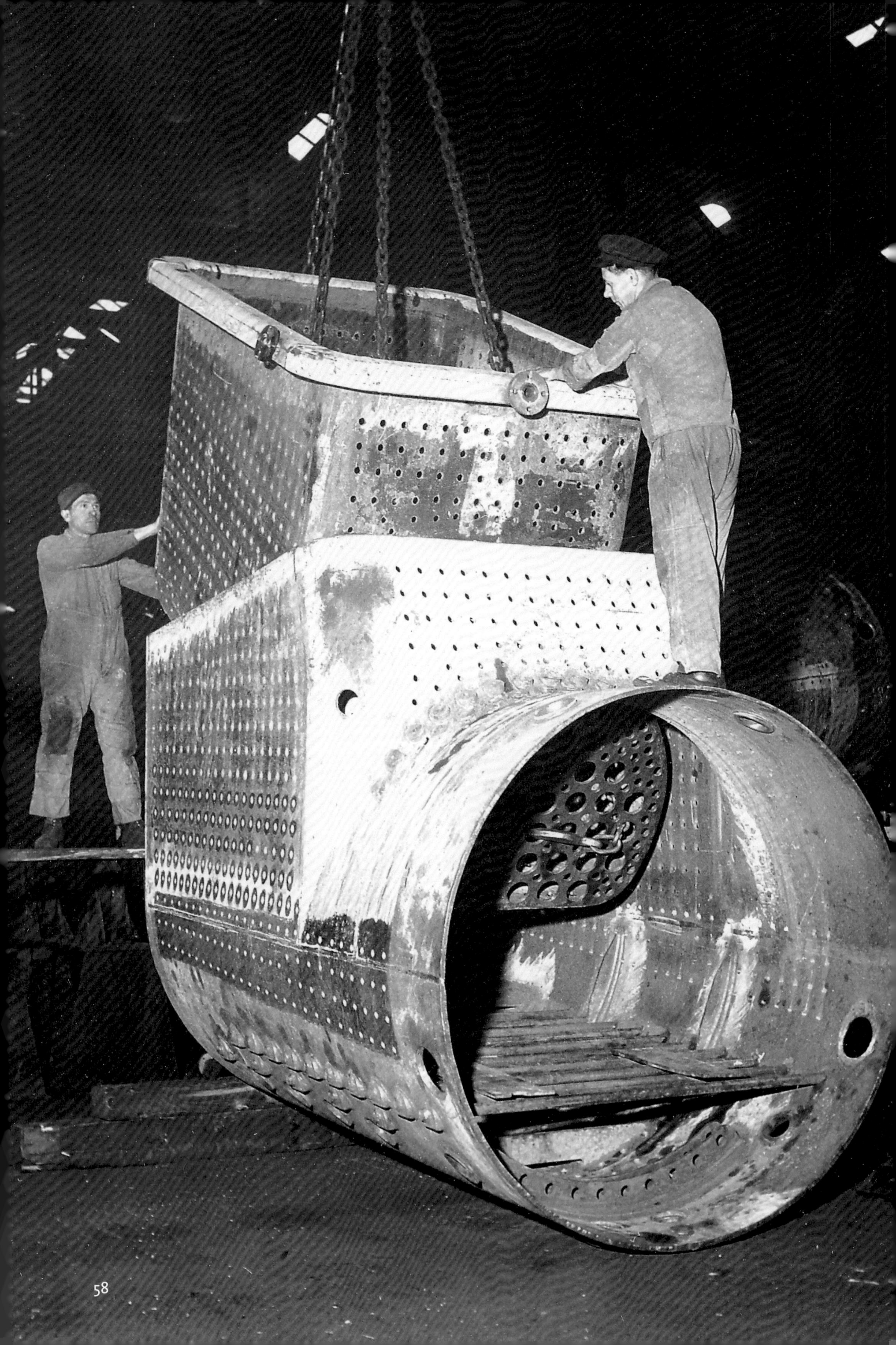

OBEN Nach dem Verschweißen des Bodenrings mit dem Stehkessel werden in einem Arbeitsgang und in der jeweils richtigen Winkelstellung die Stehbolzenlöcher in Stehkesselmantel und Feuerbüchse aufs endgültige Maß ausgebohrt.

LINKS Maßarbeit war das Einfädeln der Feuerbüchse samt langer Verbrennungskammer in den Stehkessel, an den mittlerweile auch die obere Hälfte des hinteren Langkesselschusses angeschweißt ist.

RECHTS Ein Stehkessel mit eingebauter Feuerbüchse von vorne. In diesem Falle sind schon alle Verstärkungen, Anker und Stehbolzen eingeschweißt.

OBEN Der Kessel für 65 008 ist fertig geschweißt, mit allen Stehbolzen und sonstigen Versteifungen versehen. Nun ist es an der Zeit, die Einhaltung der Sollmaße zu überprüfen und auf einem Messblatt für das Betriebsbuch zu dokumentieren.

Der Nassdampf-Entnahmestutzen saß wie üblich auf dem Stehkessel und versorgte Strahlpumpe, Heizung und Pfeife.

UNTEN Bei den Neubaudampfloks waren wie bei den zuvor gebauten Kriegsloks beide Speiseventile in einem Bauteil zusammengefasst und mit nur einem Zugang zum Kessel versehen.

Der Heißdampf-Entnahmestutzen wurde links an der Rauchkammer befestigt und bezog Dampf aus dem Dampfsammelkasten. Mit Heißdampf betrieben wurden bei den Neubaudampfloks Kolbenspeisepumpe, Lichtmaschine und Hilfsbläser.

Das Hilfsabsperrventil wurde bei den Neubaudampfloks anstelle des Reglers in den Dampfdom eingebaut. Nur wenn es geöffnet war, gelangte Dampf überhaupt zu dem im Rauchkammerscheitel angeordneten Heißdampfregler.

Der Mehrfachventil-Heißdampfregler Bauart SHG war für die Baureihen 23, 65 und 82 gleich. Er war an der Rauchkammerrohrwand mit der Dampfsammelkammer verbunden. Der Lokführer betätigte den Regler per Seitenzug und öffnete zunächst ein kleineres Vorventil, so daß die übrigen Ventile entlastet und leichtgängig wurden.

Zwei Rahmen für die BR 65. Der linke ist fertig geschweißt, beim rechten sind die Querverbindungen an eine Rahmenwange angepunktet. Für das Foto wurde die Wange auf einer weißen Papierbahn abgelegt. Bei Krauss-Maffei verfuhr man also auch hier anders als z.B. in Esslingen, wo man beide Wangen auf der Richtbank befestigte und dann die Querverbindungen dazwischenschweißte.

UNTEN Der Rahmen 100118 No.8 für 65 008 ist fertig geschweißt. Mangels Achslagerstegen muss der Rahmen durch Stahlprofile gegen Durchhang gesichert werden.

Der Rahmen für 65 007 nach Anbau der verschiedenen Träger, des Rauchkammerfußes und der Zylinder von schräg hinten ...

... und von schräg vorne. Gleichzeitig mit dem Bau der ersten dreizehn 65er rüstete Krauss-Maffei zwei P8 mit Mölbert-Kurztendern und neuen Führerhäusern aus, um ihre Rückwärtsgeschwindigkeit auf 100 km/h erhöhen zu können. Hinter dem Rahmen von 65 007 ist die im Dezember 1950 fertiggestellte 78 1001 zuerkennen.

Ein geschweißter Drehgestellrahmen. Es handelt sich im Grunde immer noch um das bewährte preußische „hannoversche Drehgestell", das sich ebenso bei der 01 fand, wie später auch noch bei der BR 66.

Aschkasten in Fahrtrichtung links. Vorne und oben an den Seiten befinden sich verstellbare Luftklappen; die Entleerungsklappen müssen wegen der letzten Kuppelachse geteilt ausgeführt werden.

Deichsel des Lenkgestells mit Querfedern und Achslagern. Im Hintergrund sind übrigens die Radsätze von 78 1001 und 1002 auszumachen.

LINKS Ein 65er-Zylinderblock wird aufs Endmaß ausgedreht.

Schieber- und Antriebszylinder eines Zylinderblocks werden vermessen.

Während der Endmontage. Bei zwei Loks sind die Kessel aufgesetzt, bei der linken auch schon Führerhaus (und Kohlenkasten).

Ein Führerhaus-Oberteil fertig geschweißt, aber noch im Rohbau, gesehen von vorne.

Fertig geschweißter hinterer Vorratsbehälter für 65 005, von der Führerhausseite gesehen.

Im Dezember 1950 ist die Endmontage von 65 002 im Gange. Eben ist der Kessel aufgesetzt worden, der in der unteren, schlecht erreichbaren Hälfte bereits lackiert ist

Ein linker Wasserkasten im Rohbau. Die bereits eingeschweißten Verstrebungen dienen sowohl der Versteifung, wie auch als Schwallhindernisse.

Ein Treibradsatz auf dem Prüfstand. Gewichte simulieren die Treib- und Kuppelstangen.

Treib- und Kuppelachsen sowie Vorlaufachse mit Deichsel, alle einbaufertig.

An 65 001 werden im Januar 1951 die Glaswollisolierungen der Zylinder und Einströmrohre angebracht. Dass dieser unbekümmerte Umgang mit den Dämmstoffen gesundheitsgefährlich war, wusste noch niemand.

Das hintere Drehgestell von der rechten Seite gesehen.

Die Neubaudampfloks erhielten federlose Druckausgleich-Kolbenschieber der Bauart Müller.

BR 65, zwei rechte und ein linker Kuppelstangensatz.

RECHTS Im Januar 1951 nähert sich 65 001 der Fertigstellung. Bei ihr sind auch die Radsätze bereits untergefahren. Offenbar wurde eben der Wasserkasten gesetzt. Ganz rechts erblicken wir eine sogar aus dieser Perspektive unverwechselbare Lokomotivgestalt: 05 003, Krauss-Maffei-Projektnummer 112646 und fertiggestellt im April 1951. Nebenher ist hier zu sehen, dass man bei Krauss-Maffei das Einachsen scheinbar mit Hebezeugen durchführte, von der Genauigkeit und Sicherheit her durchaus vorteilhaft.

BILDER RECHTS UND UNTEN Ansicht von unten auf die Deichsel des Krauss-Helmholtz-Lenkgestells, darunter Ansicht von unten auf den Bremsausgleich. Unten: Bei 65 001 werden die Einströmrohre eingebaut. Für den 8. Januar 1951 ist die Warmdruckprobe vorgesehen.

OBEN Blick in den fertiggestellten Führerstand von 65 002 auf der Heizerseite im Februar 1951. Die beiden Anstellspindeln für die Strahlpumpe verstecken sich vor dem Sitz in Kniehöhe.

RECHTS Blick in den Führerstand der 65 002 zur Lokführerseite. Einige Neubaulok-typische Bauelemente (von links): Wärmekasten für Ölkanne, über der Feuertür Schauluke und Wärmekasten für Speisen, weiter oben Hilfsabsperrventil, unter dem Dach Züge für die Dachlüfter, unter dem Sitz ein federndes Standbrett.

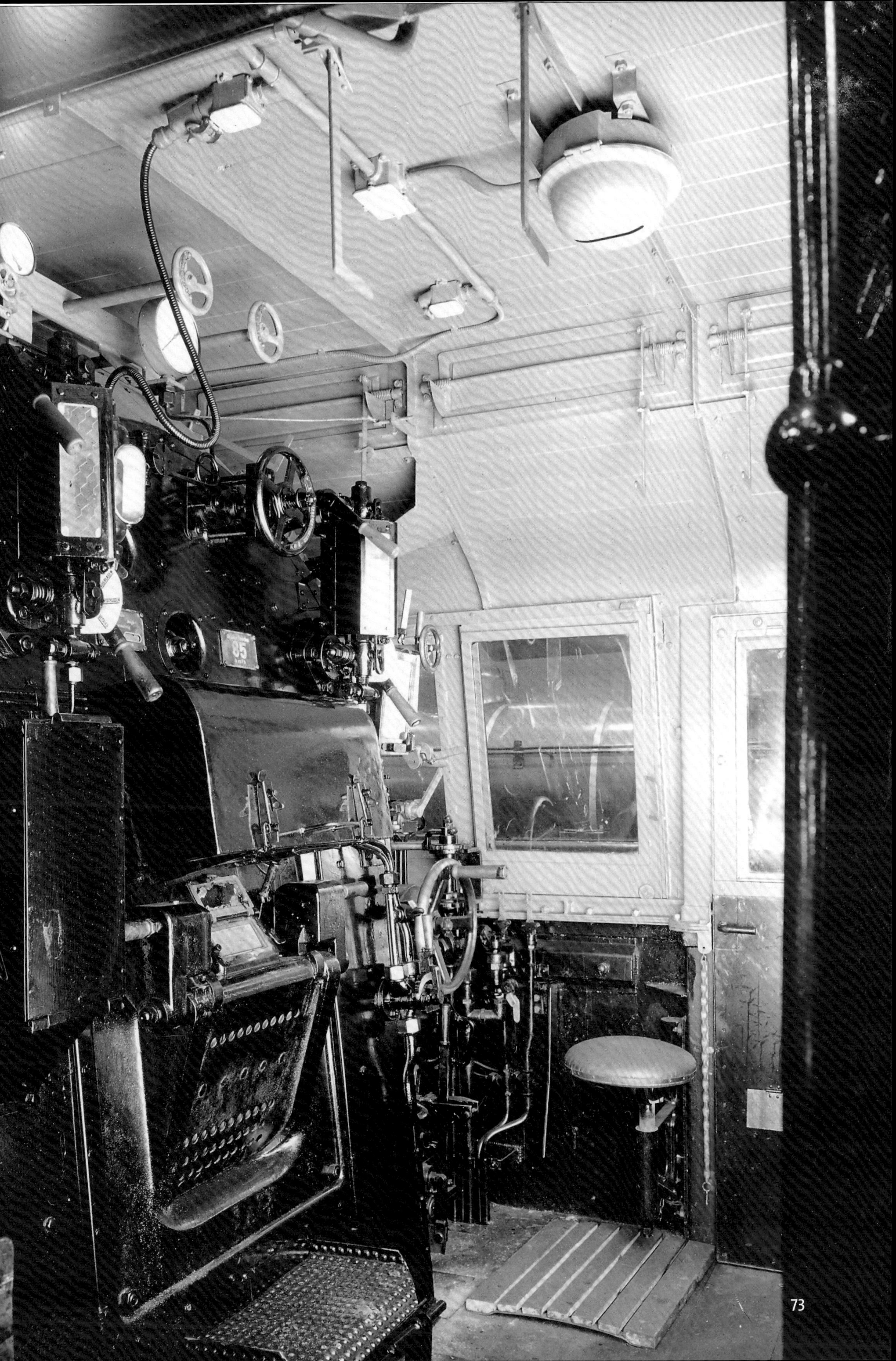
85

Blick in das Führerhaus der 65 002 gegen den Stehkessel, Februar 1951. Das leicht außermittige Hilfsabsperrventil fällt sofort auf.

Seitenzug-Reglerhebel mit Raste auf der Lokführerseite. Der Führerstand von 65 002 ist offenbar noch nicht völlig lackiert.

Steuersäule mit Armaturenbrett für die BR 65.

Die Steuersäule eingebaut ins Führerhaus.

Während des Einbaues der Stangen muss die Lok mehrfach bewegt werden, damit alle Kurbelzapfen oder Schraubenlöcher zugänglich werden.

Gelegentlich der Ablieferung der ersten 65 an die Bundesbahn stellen sich auf dem Übergabegleis von Krauss-Maffei zum Bf. München-Allach Ingenieure der Herstellerfirma und des Technischen Gemeinschaftsbüros in Kassel zu einem Erinnerungsbild, Februar 1951.

65 001 wurde anschließend auch in Paradestellung abgelichtet.

OBEN Triebwerk und Zylinder der 65 001 im Februar 1951.

LINKS 65 012 auf dem Krauss-Maffei-Übergabegleis im Mai 1951.

UNTEN LINKS Das kräftige Triebwerk der Mehrzwecklok Baureihe 65 bedingt auch dicke Gegengewichte. 65 001 im Februar 1951.

UNTEN RECHTS Die Steuerung von 65 001 auf der linken Seite. Die Kuhnsche Schleife steht in Mittelstellung, also für Stillstand.

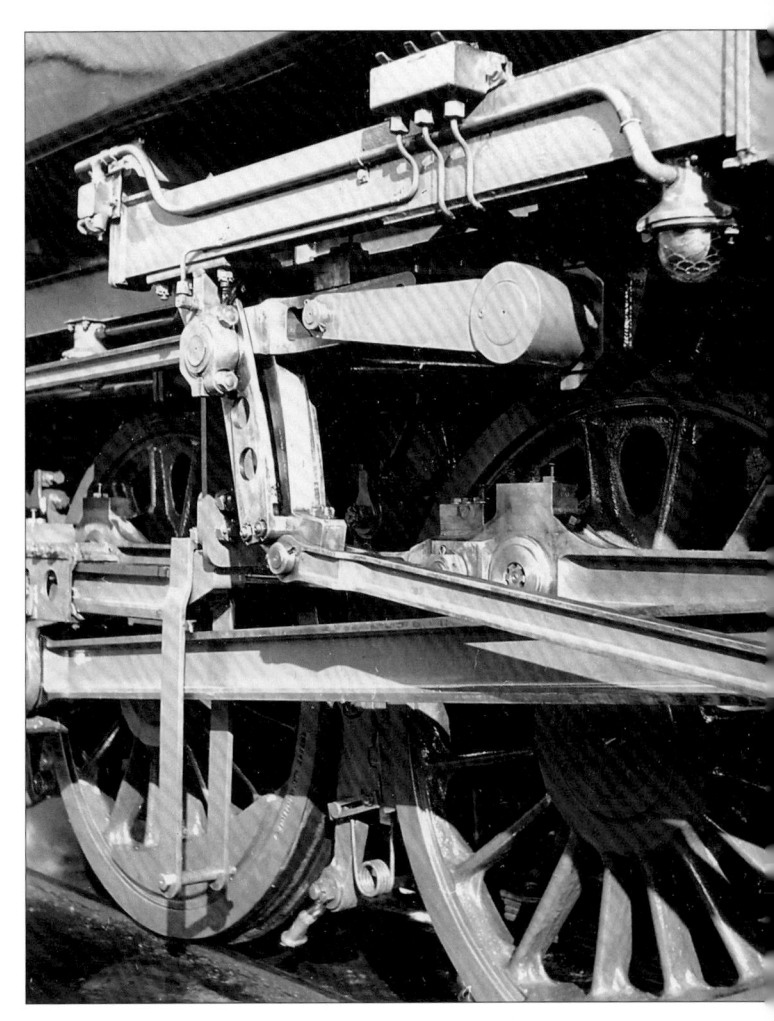

OBEN 65 001 auf dem Firmenhof Krauss-Maffei, Februar 1951. Auch aus dieser Perspektive macht die Maschine eine gute Figur. Das vierachsige Triebwerk wirkt nicht wie das einer „Ersatz-93". Hingewiesen sei auf die Beschilderung in der frühen Bundesbahnzeit, zu der auch noch das Gattungsschild gehörte. Auf dem Direktionsschild hieß es bis 1952 „Eisenbahndirektion" – ED. Alle Schilder bestanden aus Messingguss.

65 012 auf dem Übergabegleis Krauss-Maffei – DB im Bf. München-Allach, Mai 1951.

65 001 auf dem Firmenhof Krauss-Maffei 1951. Hier ist der unmittelbare Vergleich möglich zwischen erster Bauserie und den Nachbauten von 1955/56.

65 018 vor der Ablieferung an die DB auf dem Übergabegleis der Lokfabrik Krauss-Maffei.

Die Maschinenfabrik Esslingen lieferte 82 035 am 27. September 1951 an die DB ab. Kurz zuvor entstand dieses Porträt auf der Schiebebühne vor der Richthalle in Esslingen. Diesem Werk verdanken wir lebendige und fotografisch besonders gelungene Reportagen vom Bau der Neubaudampfloks.

Baureihe 82

Als einzige der fünf Neubaudampflok-Typen der Bundesbahn besitzt die Baureihe 82 konstruktive Wurzeln in der Vorkriegszeit. Auf der Basis eines Henschel-Projektes hatte man damals als BR 83 eine schwere Rangier-, Strecken- und Schiebelokomotive entwickelt, die kriegsbedingt nicht mehr realisiert wurde.

Natürlich nahm man 1949 die notwendigen Anpassungen an die Neuen Baugrundsätze vor. Neu und zukunftsweisend war vor allem die Verbindung der beiden ersten und letzten Achsen in Beugniot-Lenkgestellen, so dass bei dieser Type nur die Treibachse festlag. Mit dieser Konstruktion erreichte man eine ähnlich große Kurvengängigkeit wie beim ungleich aufwändigeren Zahnradantrieb der Endachsen, den die alte Reichsbahn bei der Baureihe 87 realisiert hatte. Da diese mittlerweile sehr teuer in der Unterhaltung war, sollte die BR 82 vor allem die 87er im Hamburger Hafen ersetzen. Die Beugniotgestelle ermöglichten aber auch hohe Geschwindigkeiten bei ruhigem Lauf, und die Loks wurden für 70 km/h zugelassen. Bei Versuchsfahrten erreichte eine Maschine 92 km/h.

Da die 82er über ein Triebwerk mit den Abmessungen der BR 50 verfügte, aber ein höheres Reibungsgewicht besaß, war sie dieser in der Zugkraft überlegen und kann als erste schwere Mehrzweck-Güterzugtenderlok bezeichnet werden.

Ansonsten ist die Lok einfach aufgebaut. Erste überhaupt fertiggestellte Neubaudampflok war die von Henschel am 13. September 1950 an die DB abgelieferte 82 023. Von der ersten Bauform wurden 37 Loks 1950/51 gebaut und bei den Bw Bremen-Walle (3), Emden (5), Hamburg-Wilhelmsburg (14), Hamm (6), Ratingen W (3), Siegen (3) und Soest (2) beheimatet. Die Krupp-Loks 82 013 – 022 hatten Oberflächenvorwärmer, die übrigen nur zwei Strahlpumpen. Letztere erhielten bald Henschel-Mischvorwärmer. Diese befanden sich auch in den vier im Jahr 1955 nachgebauten Maschinen. Je zwei dieser Loks kamen zu den Bw Altenkirchen und Freudenstadt.

Die Baulose: 82 001 – 022 Krupp 2877/50 – 2894/51, ausgeliefert November 1950 bis August 1951, 82 023 – 032 Henschel 28601 – 28610/50, ausgeliefert von September bis November 1950, 82 033 – 037 Esslingen 4969 – 4973/51, ausgeliefert August bis Dezember 1951, 82 038 – 041 Esslingen 5125 – 5128/55, ausgeliefert Juli und August 1955.

Die im schwersten Hafenbahnbetrieb in Emden und Hamburg jahrelang bewährten Loks wurden bis 1970 durch V90 und V60 ersetzt, die letzten, im schweren Streckengüterzugdienst im Westerwald eingesetzten 82er schieden 1972 aus. 82 008 wird durch das DB-Museum erhalten.

Die Fa. Krupp lieferte ihre erste 82er am 18. November 1950 ab, die anschließend beim Bw Soest Dienst tat. Nur die Fa. Krupp hielt es für nötig, von einer Neubaudampfloks Werksfotos im grauen Wasserfarb-Fotoanstrich machen zu lassen. Die Hoffnung, auch an Industriebetriebe 82er verkaufen zu können, ging aber nicht auf; die kauften lieber den fast ebenso starken D-Kuppler vom Typ „Bergbau".

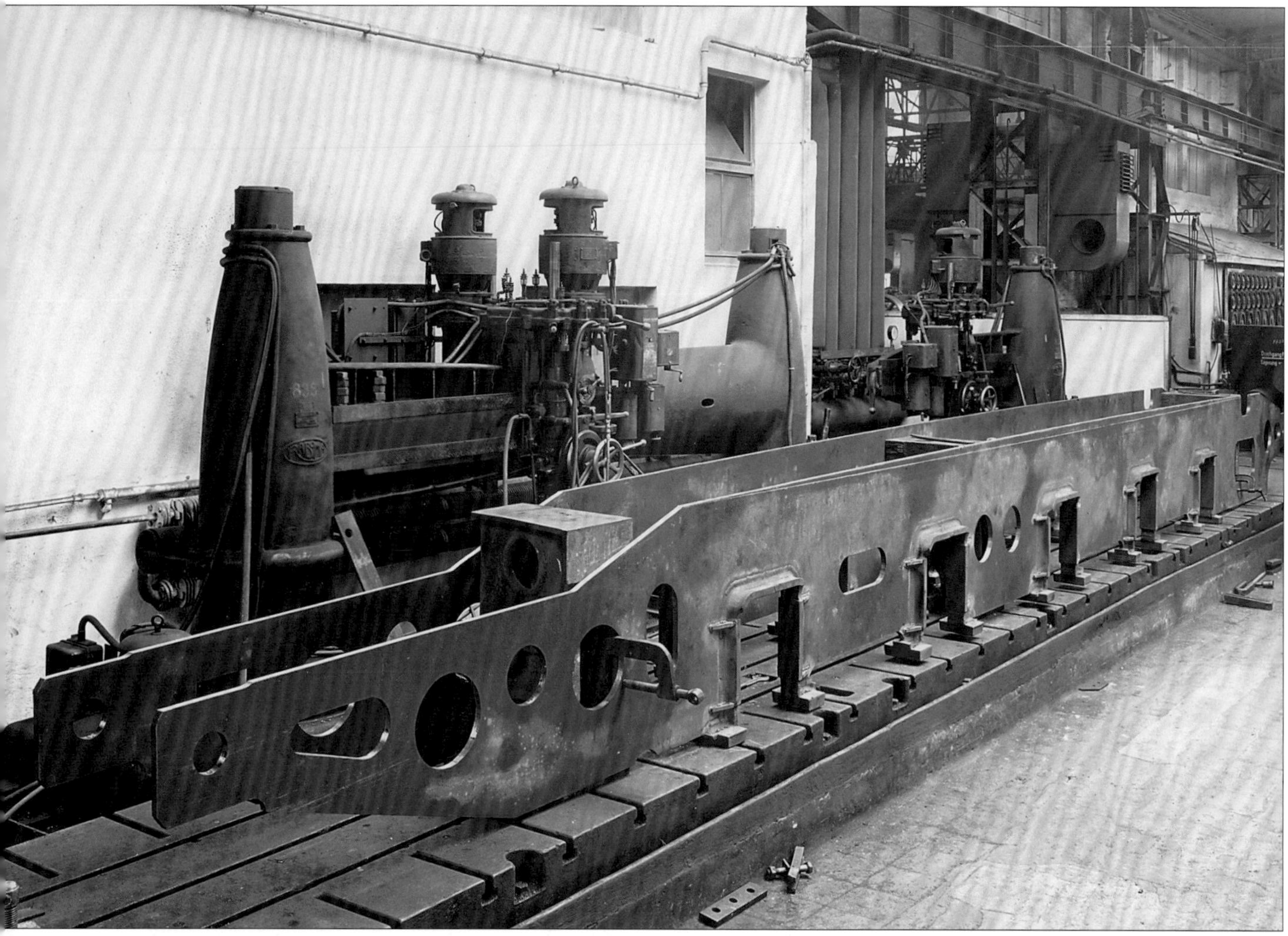

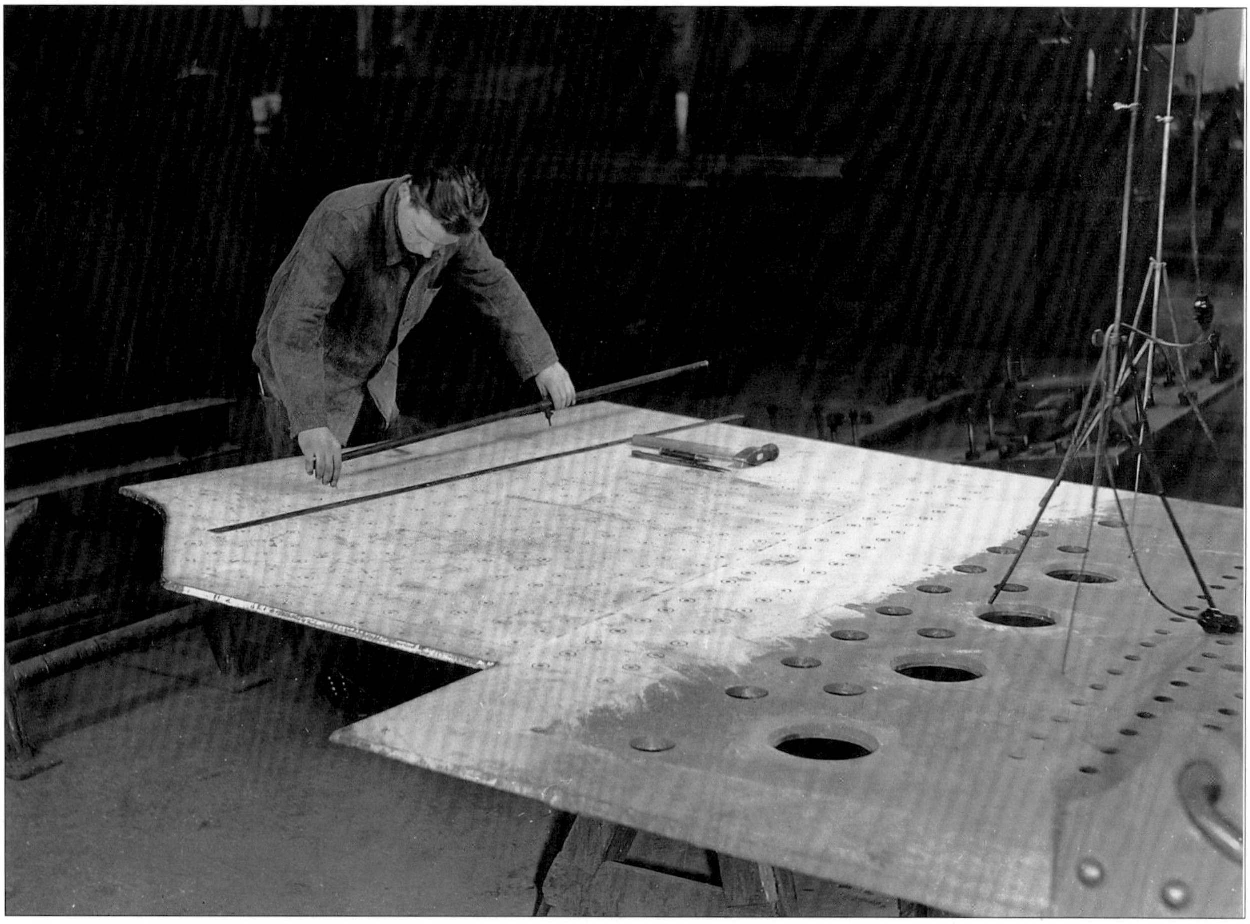

LINKS OBEN UND OBEN Zwei eindrucksvolle Bilder entstanden nach dem Einschweißen der Achslagerführungen in die noch einzelnen Rahmenwangen. Links sind die Wangen des ersten Rahmens gerade auf die Richtbank gestellt und mittels mehrerer Stahlkisten und Schraubzwingen provisorisch ausgerichtet worden. Schaut man sich die teils in der Luft stehenden Achslagerausschnitte an, so erkennt man, wie stark die Rahmenwange sich beim Schweißen gebuckelt hat. Das rechte Bild zeigt das Richten und Verspannen des Rahmens auf der Richtbank. Noch gibt es nicht eine Schweißverbindung zwischen den beiden Rahmenplatten.

LINKS Noch eher als der Rahmen- begann der Kesselbau. An einer Stehkesselseitenwand sind die Öffnungen für Waschluken und Queranker bereits fertig, und die Stehbolzenlöcher werden auf der weiß gestrichenen Platte gerade angerissen.

RECHTS Einer der ersten Kesselschüsse ist zusammengeschweißt. Das Blech für die obere Hälfte hat bereits Torturen hinter sich: Zunächst in die passende Rundung gerollt wurde sodann der Fuß des Dampfdoms einfach aus der gebogenen Platte herausgepresst. Im Gegensatz zu den Baureihen 23 und 65 verhinderte der niedrigere Kesseldruck der 82 Riss-Schäden, doch musste man auch hier Verstärkungsringe einbauen

Ein Stehkessel wird zusammengesetzt: Die Vorderwand ist auf der Richtplatte aufgestellt, und nun schweben die schon verschweißten Bleche für Seitenwände und Decke heran. Unten: Alles passt zusammen und kann nun nach einem genauen Schweißplan verbunden werden. Nach diesem werden zunächst nur an den Ecken und Mitten in festgelegter Reihenfolge Schweißpunkte gesetzt, bevor die Nähte gezogen werden. Auch diese müssen stückweise gelegt werden: Links vorne unten, rechts oben hinten, links Mitte …

RECHTS Während der Stehkesselmantel vom Kran aufrecht gehalten wird, setzt ein Arbeiter auch hier die Stehbolzenbohrungen. Wie man sieht, kommt es hier nicht unbedingt auf Maßgenauigkeit an.

UNTEN Die fertig verschweißte Feuerbüchse von unten. Hinten ist bereits das Versteifungsblech eingebaut, das die Beanspruchung der Stehkesselrückwand teilweise in die Seitenwände ableitet. Gerade werden von Hand die Stehbolzenlöcher gebohrt.

Eine fertig geschweißte und mit dem Bodenring verbundene Feuerbüchse, wie man sieht, für Kessel III. Unübersehbar ist hier auch, dass die Feuerbüchse des 82er-Kessels wohl eine schräg nach vorne verlängerte Vorderpartie, nicht aber eine in den Langkessel hineinragende Verbrennungskammer besitzt.

Die Feuerbüchse ist in den Stehkessel eingebracht worden und mittlerweile auf ganzer Länge des Bodenrings mit dem Stehkessel verschweißt. Noch gibt es sonst keine weiteren Befestigungen zwischen Büchse und Mantel. Hier handelt es sich um den Kessel No.2, der für die Lok 82 034 vorgesehen ist.

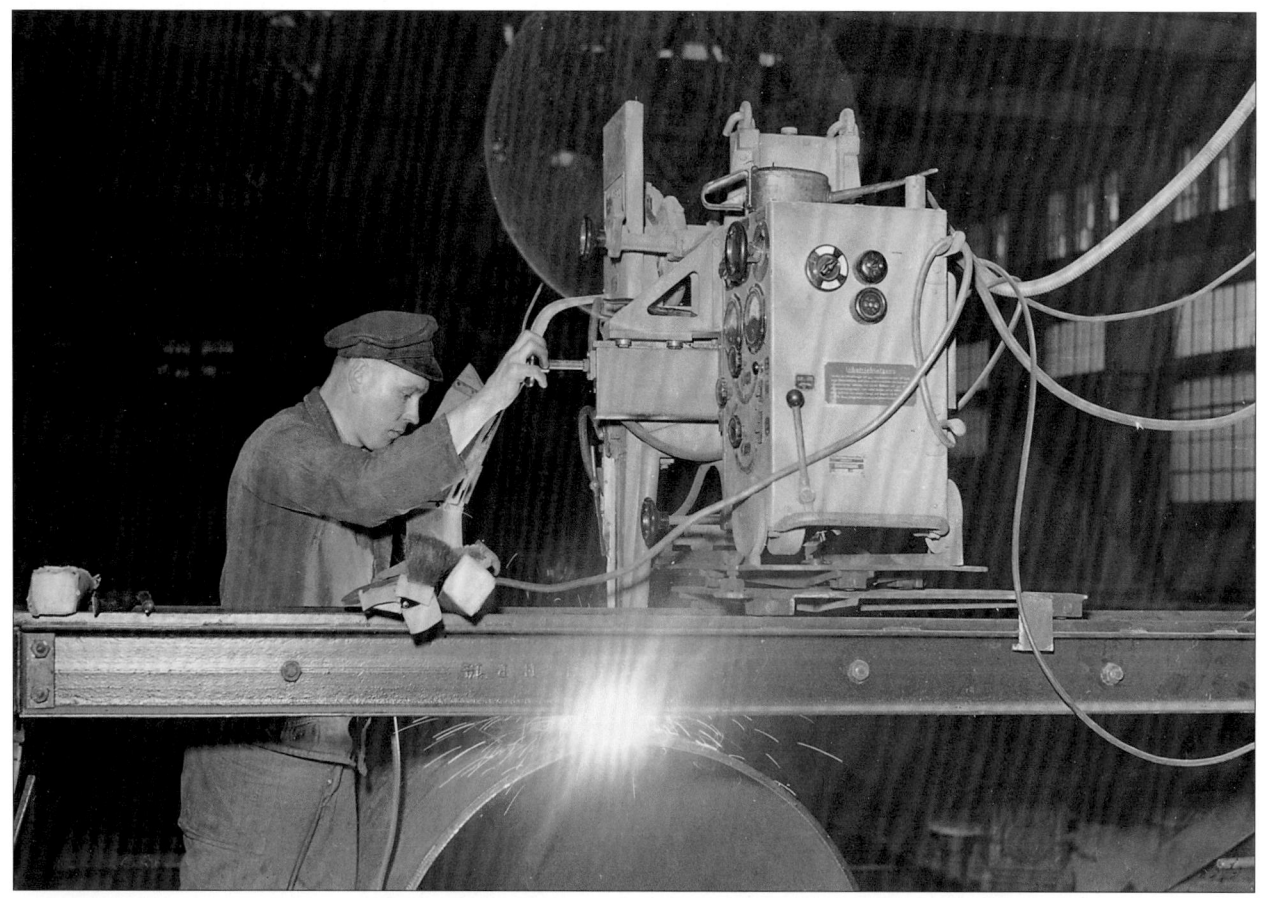

Die Längsnaht eines Kesselschusses wird geschweißt. Wie so oft auf diesen Bildern fällt das fast völlige Fehlen von Arbeitsschutzmaßnahmen auf.

Hier kommt es nun auf Genauigkeit an: Die grob vorgebohrten Stehbolzenlöcher werden in jeweils passender Neigung auf Maß gebracht und in die Feuerbüchse das dazu passende Loch gebohrt.

Der nächste Arbeitsschritt: Queranker und Stehbolzen werden durch die Bohrungen durchgesteckt und an der Feuerbüchsinnenwand und der Stehkesselaußenwand mit einer aufliegenden Schweißraupe befestigt.

OBEN Am ersten Kessel sind schon die Ausrüstungsarbeiten im Gange. Die Rohre sind eingebaut, zwei Arbeiter befestigen den Heißdampfregler.

RECHTS Bei einem weiterem Kessel müssen noch Lang- und Stehkessel verschweißt werden.

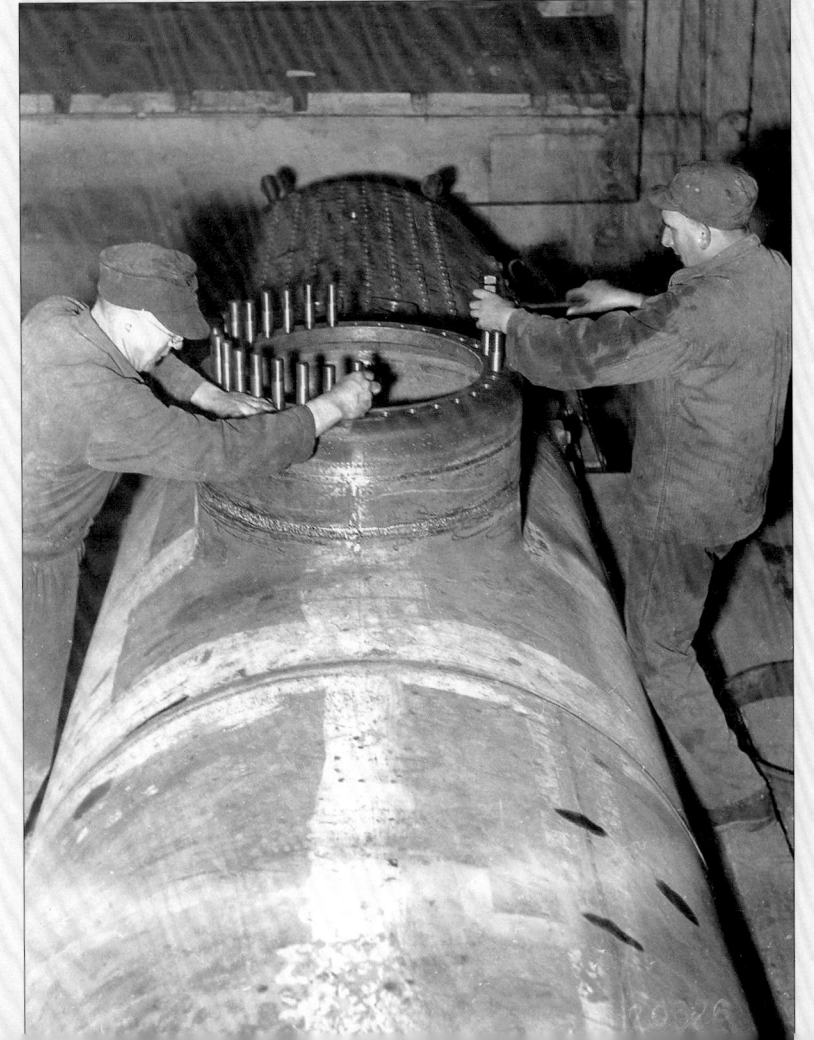

OBEN Stück für Stück werden beide sodann mit einer kräftigen V-Naht verbunden.

LINKS Zwei Arbeiter setzen in den Dom des ersten Kessels die Befestigungsschrauben für den Domdeckel ein.

RECHTS Ein weitgehend fertiggestellter 82-Kessel. Alle Kessel, auch die nur mit Strahlpumpen ausgerüsteten, besaßen vorne eine Vorwärmernische.

UNTEN Letzte Arbeiten an Kessel 2: Die Schweißraupe im Feuerloch wird glattgeschliffen.

Oben stehen fünf neue Kessel, darunter die drei ersten 82-Dampferzeuger, parat für die Wasserdruckprobe. Unten die passende Draufsicht mit den Kesseln für 82 033, 034 und 035. Der vordere ist bereits dichtgeflanscht, und die Wasserzuleitung in den Dom ist angebaut.

Mittlerweile machen auch die Arbeiten an den Rahmen Fortschritte: Die Untergurte werden eingeschweißt.

Der erste Kessel ist auf dem Werkshof angeheizt. Offenbar ist es draußen noch kalt, so dass man den Februar oder März 1951 annehmen darf. Fünf Monate dauerte es dann noch bis zur Ablieferung von 82 033.

Ein Arbeiter öffnet das Hilfsabsperrventil im Dom, und der Dampf strömt unter ohrenbetäubendem Rauschen durch die Rauchkammer ab.

Eindrucksvoll war die Schweißbrücke der Maschinenfabrik Esslingen, die schon auf Seite 92 zu sehen war. Hier fanden die Schweißer gute Arbeitsbedingungen vor, während sie in anderen Werken auf dem Boden herumkriechen mussten. Zu sehen sind hier an einem der später fertigen Rahmen die letzten Schweißungen an den unteren Verstärkungen der Achslagerführungen.

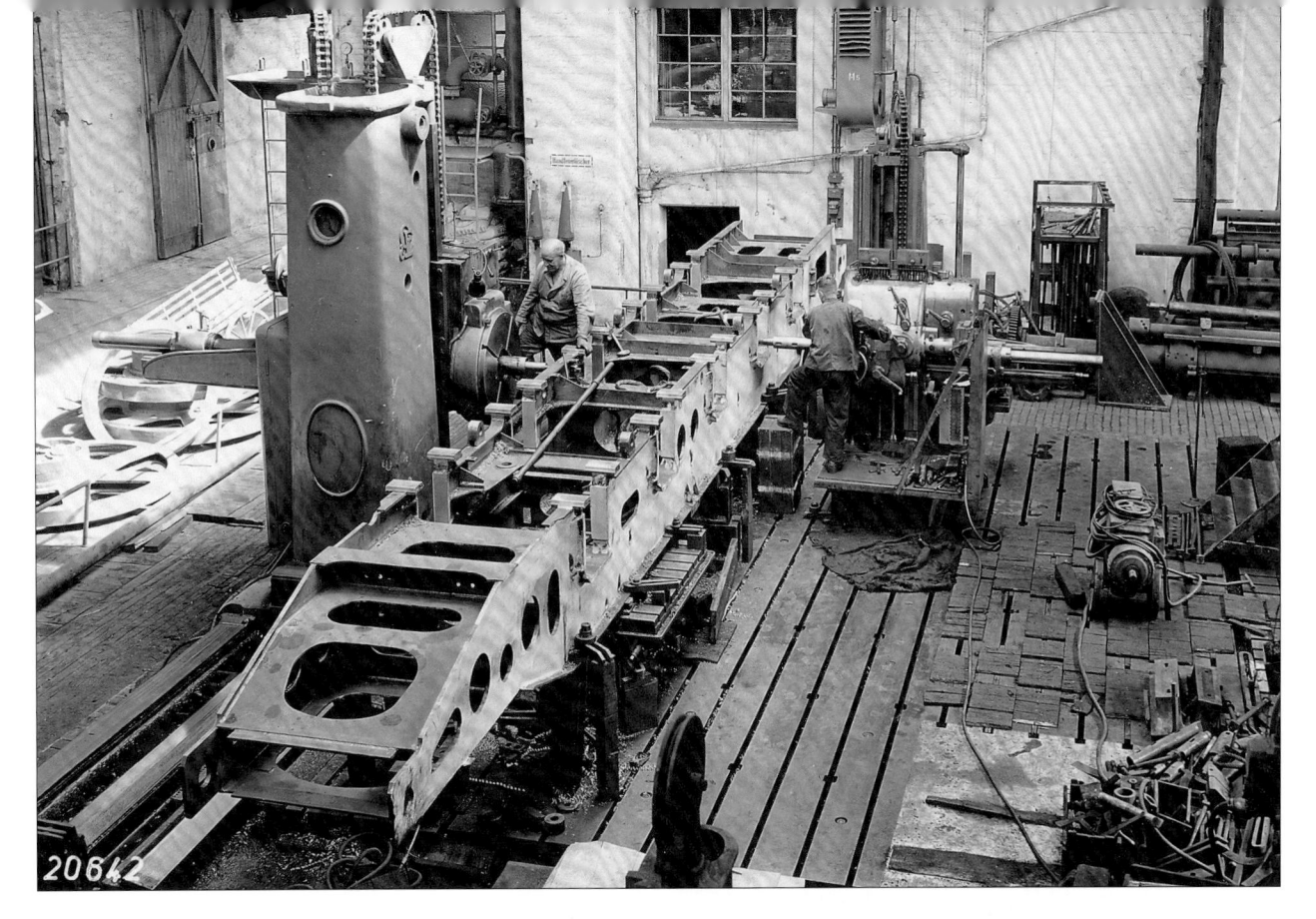

OBEN/RECHTS Der letzte Arbeitsgang während der Fertigung der Rahmen war die Bearbeitung der Achslagerführungen, oben in Ganzansicht, rechts im Detail.

RECHTS Einbaufertig liegen zu dieser Zeit bereits die Teile der Beugniot-Lenkgestelle, hier die Achslenker.

LINKS Nun wird schon eine Lokomotive erkennbar: Ein fast fertig ausgerüsteter, isolierter und teillackierter Kessel wird auf den Rahmen abgesenkt. Auch der Kohlenkasten ist schon befestigt. Den Bildnummern zufolge könnte es sich um die dritte Lok, also 82 035 handeln.

RECHTE SEITE Zum Vergleich ist hier der mit Zylindern, Rauchkammer- und Pumpenträger, Steuerungsträger und Kohlenkastenauflage versehene zweite Rahmen (82 034) zu sehen, der sich zum Zeitpunkt der übrigen Aufnahmen auf dieser Doppelseite schon in eine nahezu fertige Lok verwandelt hatte.

UNTEN Dieses Bild wurde unmittelbar nach der Aufnahme rechts aufgenommen. Kaum liegt der Kessel fest – der Kran ist noch nicht weg – scheinen die Arbeiter die Lok regelrecht zu stürmen. Natürlich ist dieses Bild gestellt, denn vor der Entfernung der Hebezeuge würden kaum die Arbeiten beginnen.

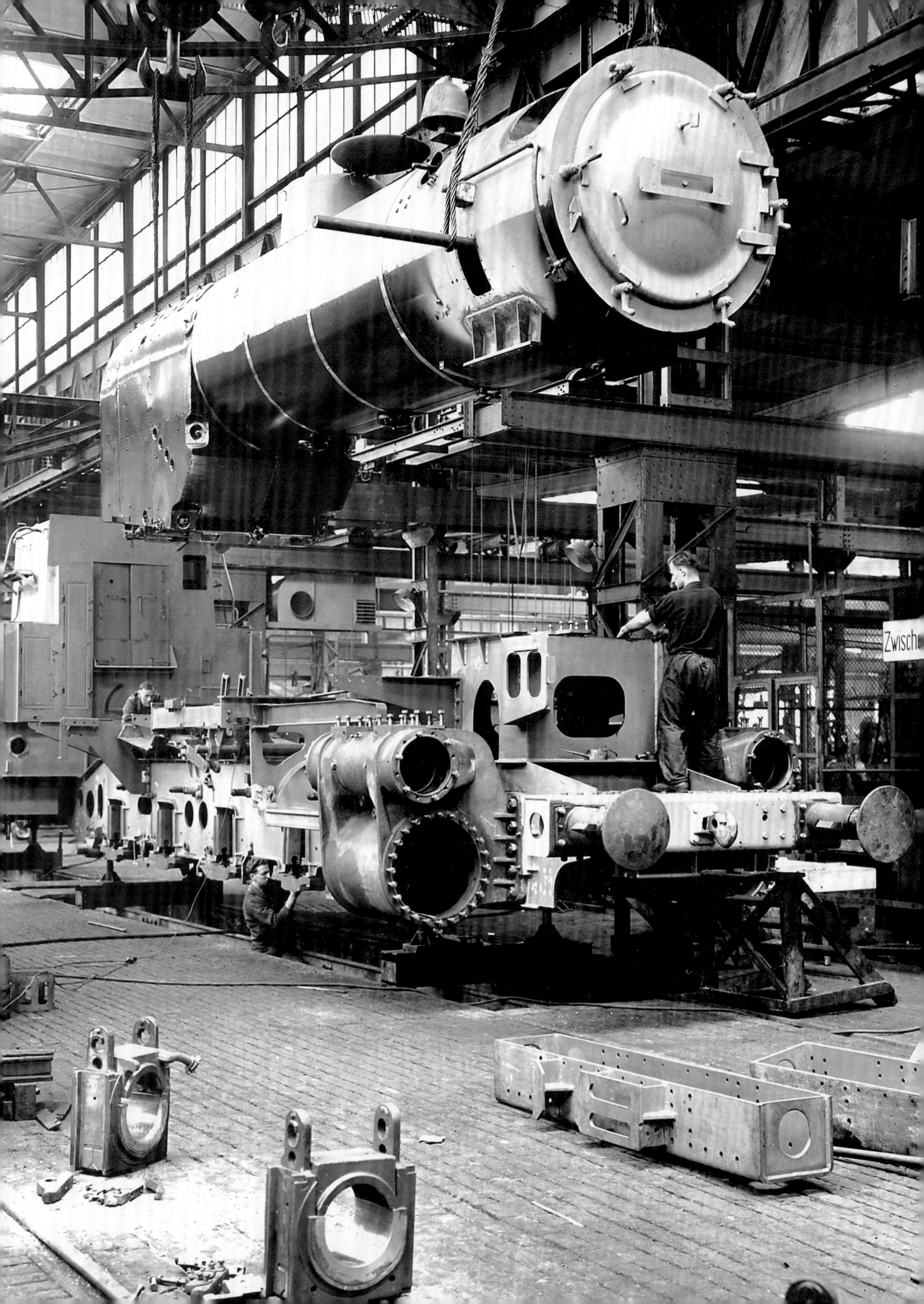
Zwisch

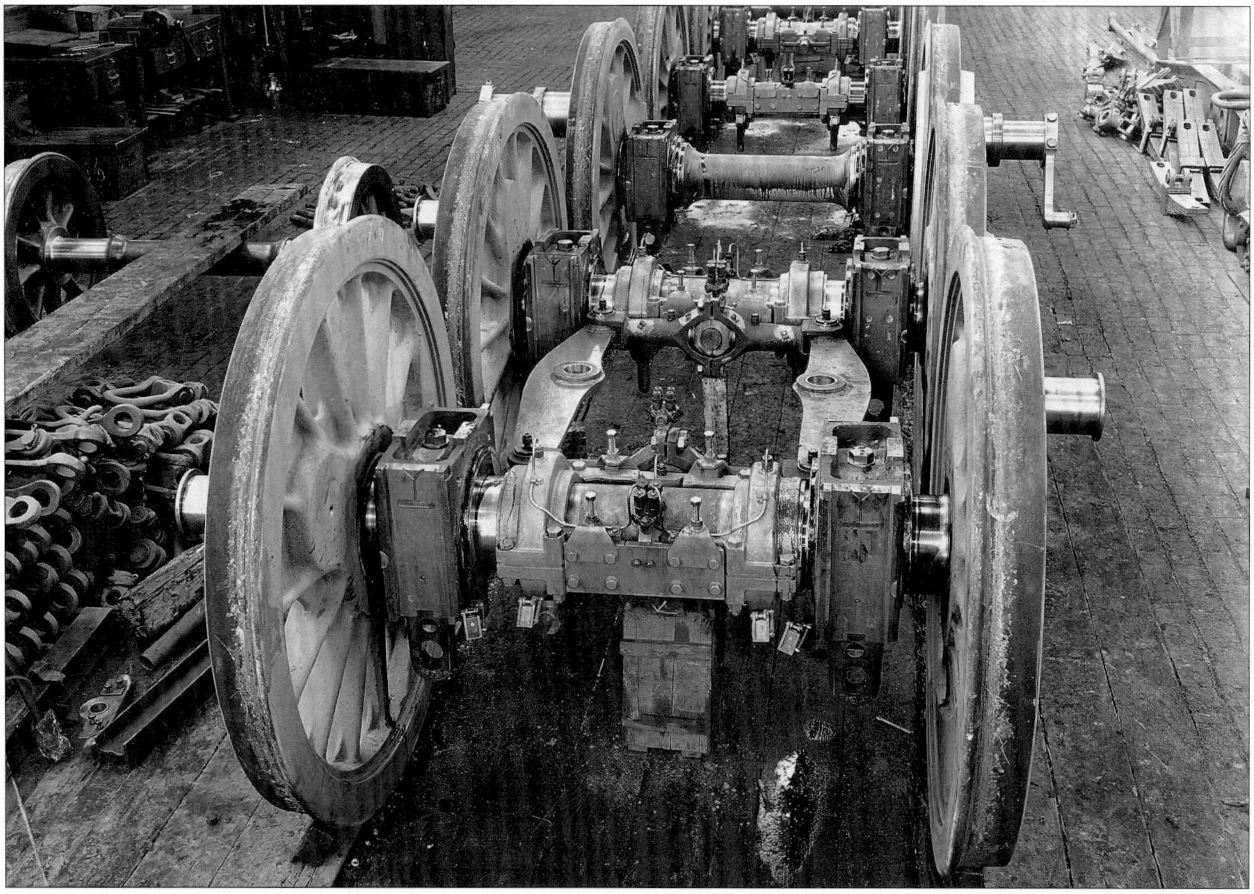

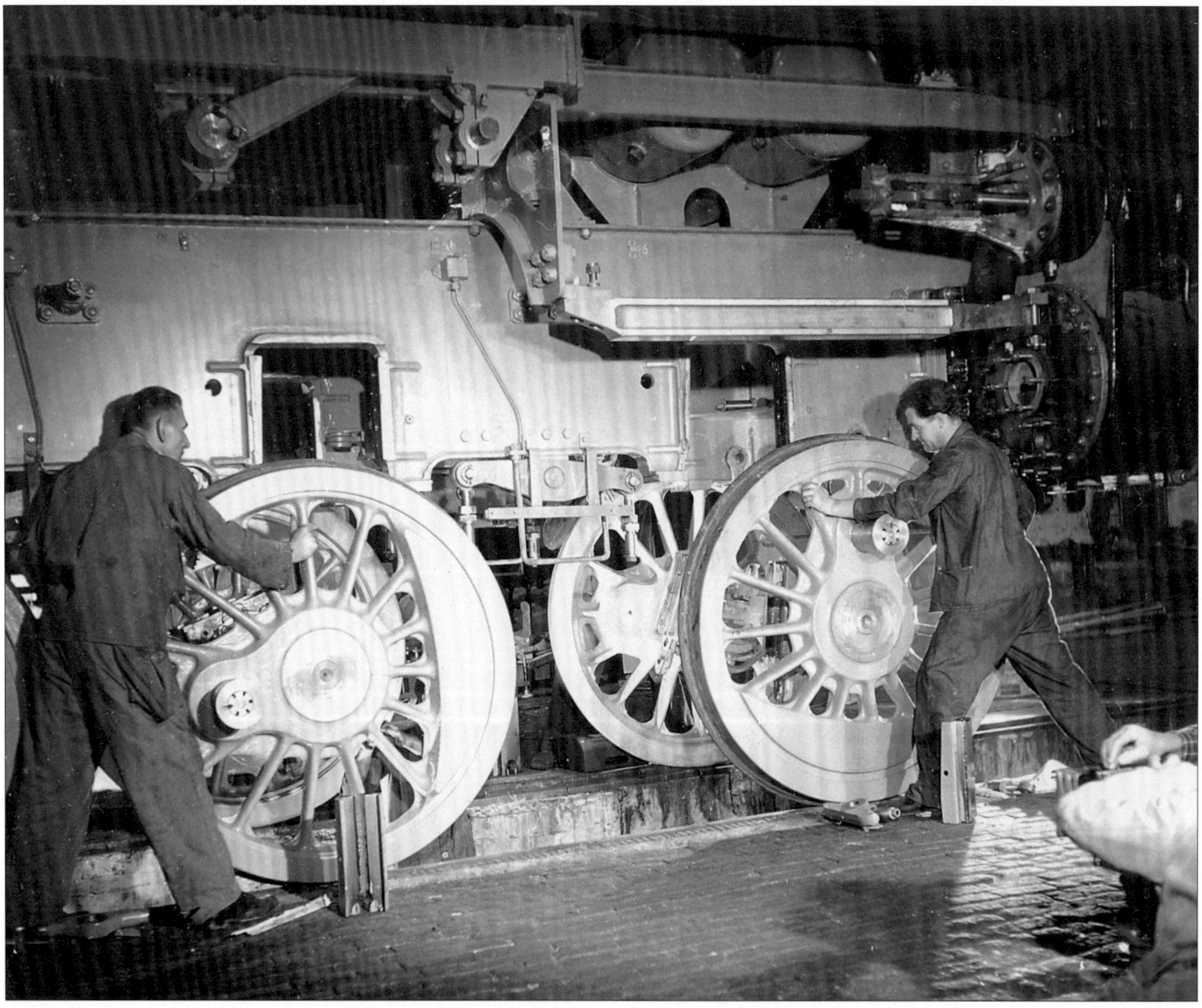

Auf dieser Doppelseite ist das Einachsen der Lok 82 033 zu beobachten. Oben steht unter der Lok die einbaufertige Radsatzgruppe, ausgerüstet mit Beugniotgestellen vorne und hinten, Bremsen- und Federungsteile liegen zum Einbau bereit. Unten beginnt das Absenken der Lok auf die Achsen. Es hilft nichts – die Arbeiter müssen unter schwebender Last die Achsen maßgenau ausrichten und eventuell falsch liegende Anbauteile zur Seite drücken

Im unteren Bild links wird offenbar für den Fotografen etwas geschummelt: zwei Kuppelachsen werden „zurechtgestellt". Wären es allerdings die für die Ausschnitte 1 und 2 passenden Achsen, müssten sie durch Beugniothebel verbunden sein. So sehen wir hier wohl rechts die Achse zwei aus dem vorderen Gestell und links die Achse 4 aus dem hinteren Gestell. Wo ist die Treibachse?

Nun hat alles wieder seine Ordnung – die Lok ruht fest in ihren Achsen, und gleich sechs Arbeiter machen sich eifrig mit „Scheinarbeiten" an ihr zu schaffen. Noch sind die Krantraversen nicht entfernt, so dass es für ein werkzeugloses Hantieren am Zylinderblock oder Schräubchenanziehen an der Luftpumpenschmierung keinen rechten Grund gäbe – außer dem, dass der Fotograf sich ein „schönes" Bild gewünscht und auch bekommen hat.
Dann bedarf es für die ersten Esslinger 82 nur noch weniger Tage bis zur Fertigstellung. Hier sind es wohl 82 033 und 034, die im Sommer 1951 in der Endmontage stehen.

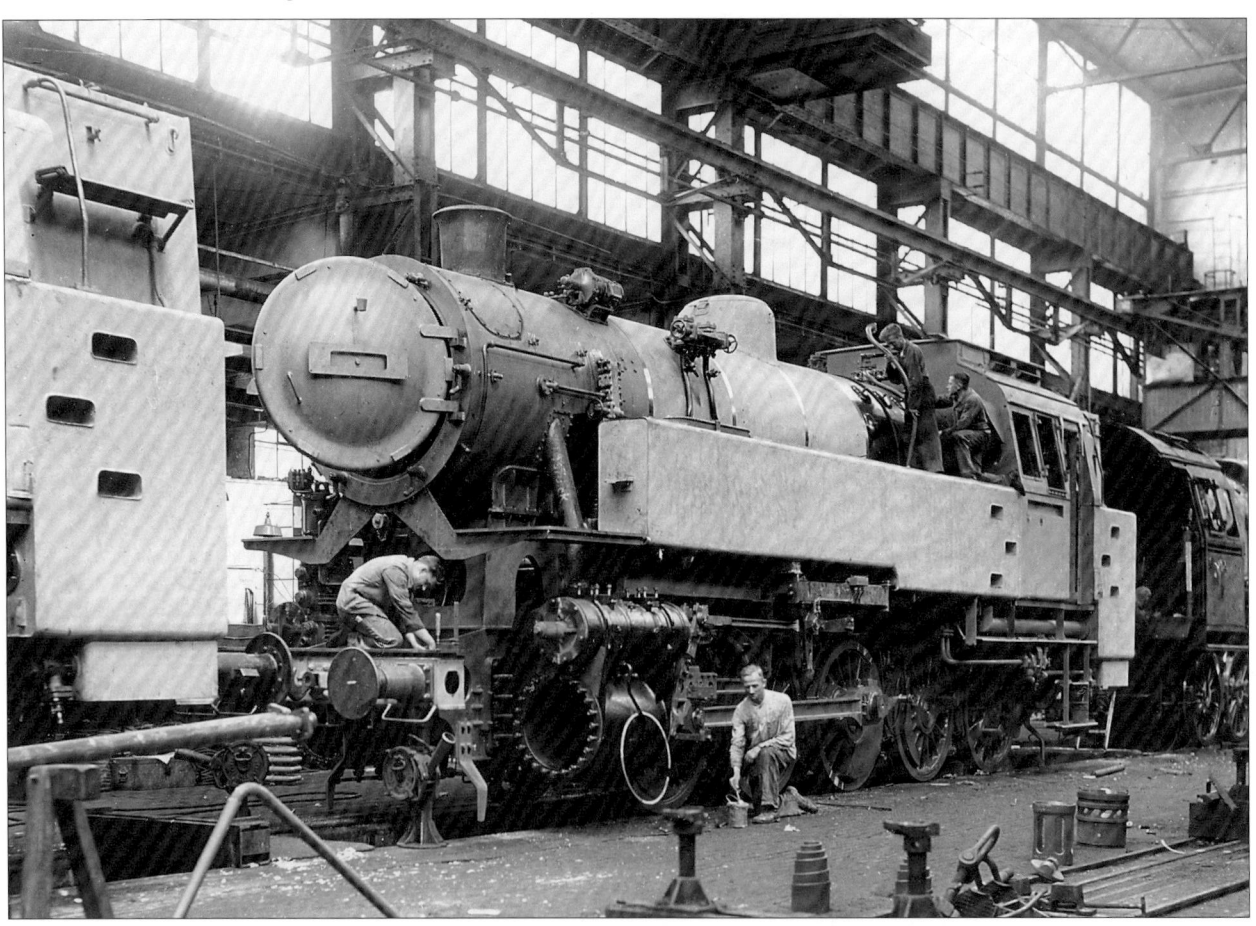

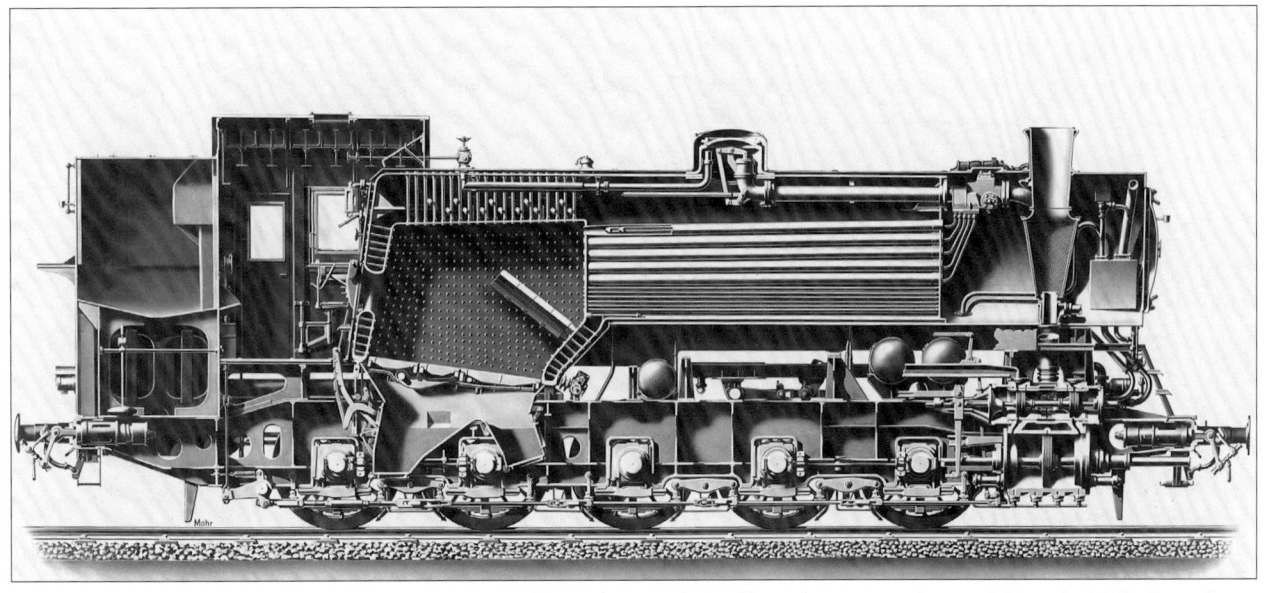

Die Fa. Henschel machte sich die Mühe, einen technisch korrekten und mit allen Schatten angelegten Seitenschnitt der Baureihe 82 malen zu lassen. Dargestellt ist die zweite Bauausführung von 1955 mit rundem Dach und Henschel-Mischvorwärmer, dessen Bauteile man vorne in und unter der Rauchkammer erkennt.

Die passende Außenansicht dazu zeigt die letztgebaute 82 041, die im August 1955 abgeliefert und anschließend beim Bw Freudenstadt beheimatet worden war. Sie stand im schweren Steilstreckendienst auf der Murgtalbahn. Deshalb ist sie auch mit einer Gegendruckbremse (Schalldämpfer hinter dem Schornstein) ausgerüstet. Einen Henschel-Mischvorwärmer wie hier zu sehen (Rohre vorne in der Rauchkammer, Speisepumpe vor dem Zylinder) erhielten gleichzeitig alle anderen bis dahin vorwärmerlosen 82er. Da keine Baufotos dieses Esslinger Bauloses bekannt sind, wird hier eine Betriebsaufnahme der fast neuen Lok aus dem Winter 1955/56 von Carl Bellingrodt beigestellt.

Baureihe 66

Die Betriebserfahrungen mit der Baureihe 23, der technische Fortschritt und die bessere finanzielle Ausstattung der Bundesbahn ab 1953/54 führten nicht nur bei der 23 zu Neuerungen. Auch die bislang nur auf dem Papier vorhandenen Neubauprojekte für die Baureihen 20, 10, 66 und 83 profitierten davon. Durchwegs waren für sie Rollenlager in allen Achsen und Stangen, Mischvorwärmer, bessere Speisepumpen und eine den Erfahrungen folgende Ausstattung des Führerhauses vorgesehen. Die BR 66 war zunächst als Neuauflage der leichten Baureihe 64 projektiert, und als Schlepptenderlok sollte ihr eine ebenso zierliche 1C1 zur Seite stehen. Im Laufe der Entwicklung entschied man sich, die BR 66 mit großen Vorräten als 1C2 auszuführen und die BR 20 einzusparen.

Die 66 war sozusagen „das Kind" von Bauartdezernent Friedrich Witte, der sich engagiert um das Projekt kümmerte. Von ihm stammte der Mut zu einem wesentlich besseren Massenausgleich ebenso wie für eine pneumatische Vorrichtung, mit der man die Rückstellkraft des jeweils hinteren Lenk- bzw. Drehgestells abschalten konnte, und eine fast „französische" Abstimmung des Hochleistungskessels. All das verhalf der Lok zu sehr guten Laufeigenschaften und Leistungen auf dem Niveau der Baureihen 38^{10} und 78. Witte als Fürsprecher der kleinen Hochleistungslok setzte deren Bau durch, obwohl es schon ziemlich unwahrscheinlich war, dass sich eine Serienfertigung anschließen würde. Für die BR 10 engagierte sich HVB-Referent Friedrich Flemming, und für die als kleine 65 mit 82er-Kessel vorgesehene 83 niemand. Sie blieb ungebaut. Henschel lieferte die beiden 66er nach nur kurzer Bauzeit unter den Fabriknummern 28923 und 28924 am 5. und 6. Oktober 1955 an die Bundesbahn ab. Auch als Einzelgänger bewährten sie sich, zunächst im Frankfurter Vorortverkehr, dann auf den von Gießen ausgehenden Strek-

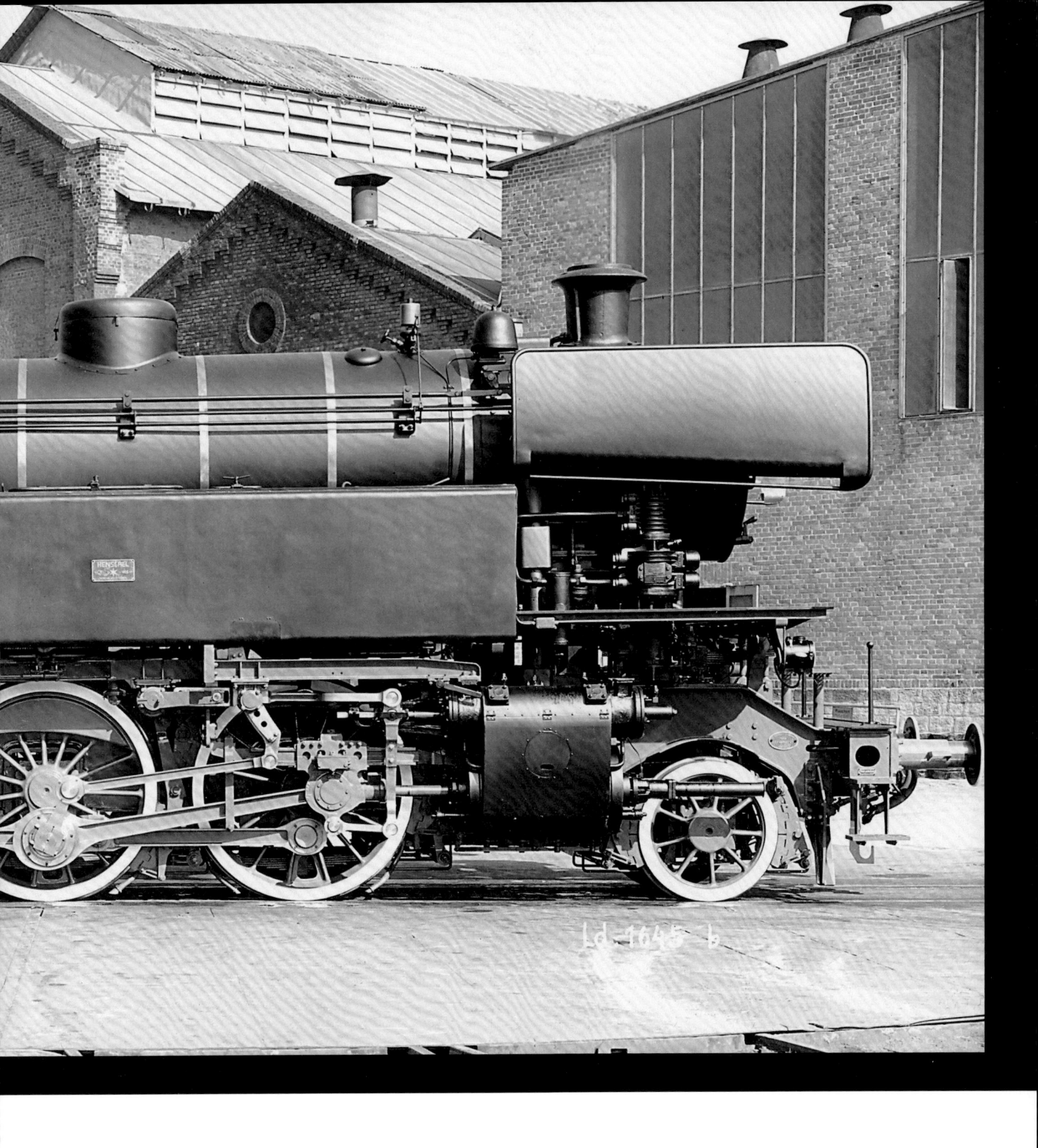

Im intensiven Sonnenschein eines Oktobertages 1955 fertigte Henschels Werksfotograf von der 66 001 einige schöne Portraits der 66 001. An ihr bestechen Ausgewogenheit, aber auch Dynamik der Formen.

ken. Vielleicht überforderte man die leistungsfähigen Loks auf Dauer. 66 001 musste man jedenfalls 1966 wegen des Bruchs eines Treibzapfens ausmustern, 66 002 ein Jahr später, weil in Gießen die Beheimatung von Reisezugdampfloks endete. 66 002 ist in der Obhut der DGEG heute im Eisenbahnmuseum Bochum-Dahlhausen zu besichtigen.

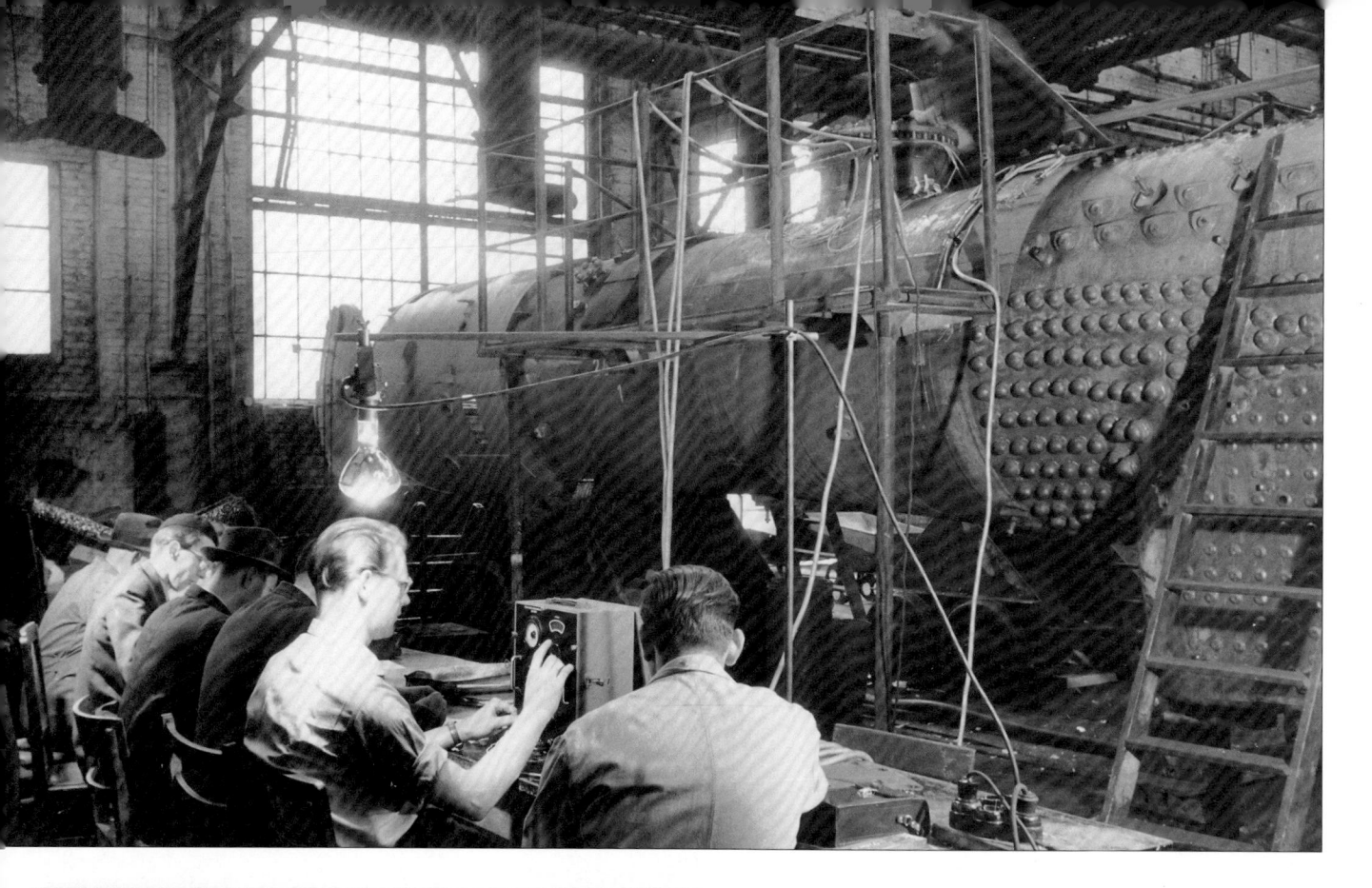

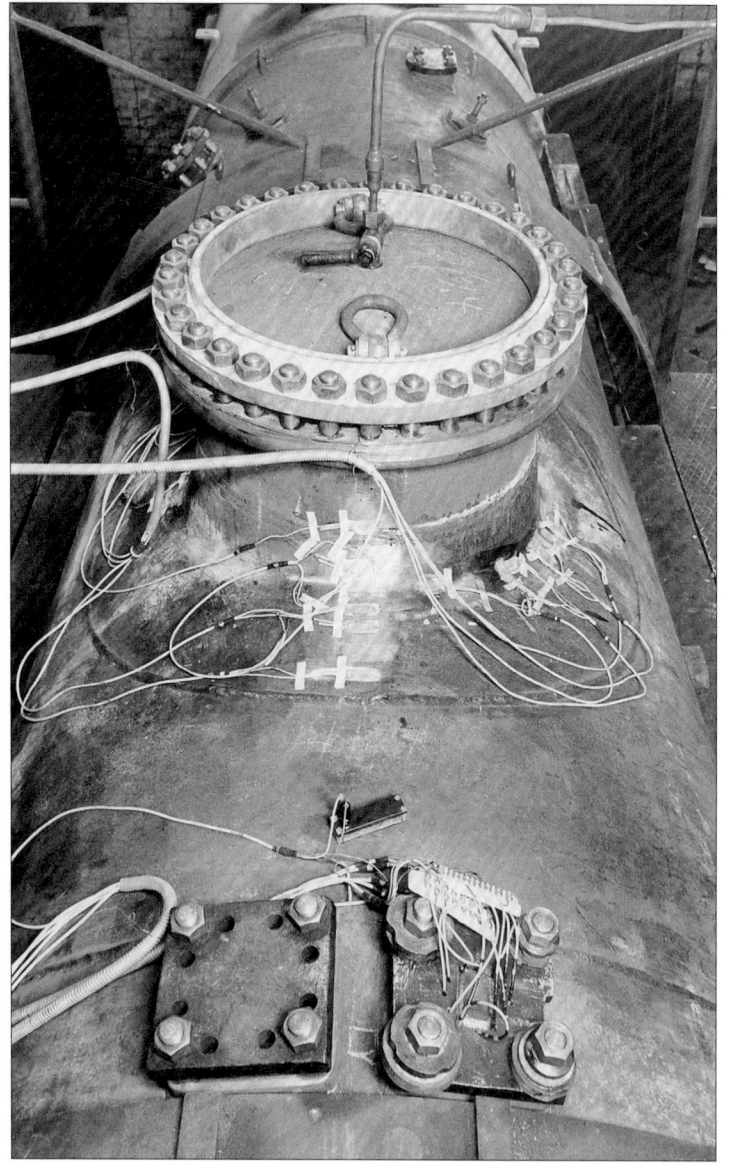

OBEN UND LINKS Da der Rohbau von Kessel und Rahmen bei der BR 66 nicht anders aussah als bei der BR 65, setzen wir mit der Bilderfolge erst ein, als „Bauarttypisches" erkennbar wurde. Im Hochsommer 1955 wurden am fertigen Kessel 28924 Dehnungsmessungen ausgeführt. Der Kessel wurde hierfür abgedichtet und vollständig mit Wasser gefüllt. Der Prüfdruck lag bei 23,4 bar. Vor allem die kritischen Punkte wie die Dombefestigung oder die Durchbrüche für die Sicherheitsventile mussten geprüft werden. Die Löcher der Sicherheitsventile sind blind verflanscht.

Die beiden zugehörigen Sicherheitsventile, einmal zerlegt, einmal vollständig.

RECHTS Im Sommer 1955 war auch der Aschkasten für die 66 001 schon einbaufertig. Für den Fotografen hatte man ihn schräg hingestellt. Die Bodenklappen sind in Ausschlackstellung.

UNTEN Erkennbar stand der fertiggestellte Kessel 28923 für längere Zeit „in der Ecke", bevor man ihn auf den Rahmen der 66 001 setzen konnte.

Eine Besonderheit der BR 66 war der Heißdampfregler mit nur einem Öffnungsventil. Wie die bei der ersten Generation der Neubaudampfloks verwendeten Mehrfachventil-Heißdampfregler war dieser hinter dem Schornstein oben in der Rauchkammer angeordnet und wurde durch einen Seitenzug betätigt. Sein Vorteil lag im einfachen Aufbau, und darin, dass die beweglichen Teile mit dem althergebrachten Wagner-Nassdampfregler übereinstimmten. Mit den bisherigen Mehrfachventilreglern hatte man viele Unannehmlichkeiten gehabt, da sie sich verklemmten oder der gegossene Mantel durch die hohen Temperaturen Risse bekam. Oben ist die Reglerhaube entfernt, unten festgeschraubt.

UNTEN Im Frühsommer 1955 befanden sich die beiden hinteren Vorratsbehälter im Bau. Der linke Kasten liegt auf dem Rücken, der rechte ist von der Führerhausseite zu sehen. Unten sind die Einläufe in den hinteren Wasserkasten zu erkennen.

OBEN Zwei Ansichten eines 66-Zylinders. Auch diese Bauteile warteten wochenlang auf Verwendung und wurden hier extra für den Fotografen aus der Ecke geholt.

Auch wenn es „nur ein Blechkasten" ist: Zwei Bilder für den linken Wasserkasten der 66 001 sind nicht übertrieben. Oben ist der Kasten von schräg vorne zu sehen, unten erblickt man ihn sozusagen aus dem Führerhaus heraus. Die Einpolterungen sind nötig für die Sandkästen. Gut zu erkennen ist auch, dass der Wassereinlauf direkt vor dem Führerhaus liegt, weil der Raum davor abgetrennt ist und als Warmwasserspeicher des Henschel-Mischvorwärmers dient.

108

Hochzeit! Der schon mit Wärmeschutzverkleidung versehene Kessel ist auf den Rahmen von 66 001 aufgesetzt und bereits verschraubt. Das Bild zeigt den Moment, als die Maschine per Schiebebühne zum Endmontagestand transportiert wird.

LINKS OBEN Noch eher als die Dreh- und Lenkgestelle waren die Achsen fertig. Der Blick geht auf drei Laufachsen mit aufgezogenen Zylinderrollenlagern. Auf die vordere Achse ist erst ein Lagerring aufgezogen. Die Hülse mit den beiden Handgriffen dient zum Vorwärtsstoßen der Lagerringe.

LINKS UNTEN Eines der beiden hinteren Drehgestelle im Rohbau, inmitten anderer, nicht zur 66 gehörender Bauteile, hinten z.B. den Rahmen einer Feldbahnlok

Das vordere Lenkgestell während der Komplettierung von hinten gesehen. Oberhalb des Rahmens sind Teile der umstellbaren Rückstellvorrichtung zu erkennen.

Der auf der Vorseite gezeigte Transport von 66 001 zum Endmontagestand aus anderer Perspektive. Die Uhr zeigt an, warum die Lok so verlassen dasteht: Die Belegschaft sitzt in der Kantine. Überhaupt scheinen viele der 66-Fabrikfotos entweder am Feierabend oder während der Mittagspause aufgenommen worden zu sein.

Der Rahmen von 66 002 vom Brückenkran aus gesehen. Offenbar baute man die 66er so zwischendurch fertig, denn um sie herum sind eine Exportlok und ein Diesellokrahmen zu sehen, und die 66 auf ihren Stelzen wirkt etwas „dazwischengestellt".

Eigentlich fehlt nur der Kessel, dann wäre auch 66 002 schon so weit wie ihre Schwesterlok. Hier wartet noch ein leerer Rahmen auf den Dampferzeuger.

OBEN UND RECHTS Ein wichtiger Moment: Die Radsatzgruppe für 66 001 ist herangerollt worden und wartet auf den Einbau. Ausgerichtet wird sie erst unter der Lok. Das rechte Bild zeigt schön die Laufachse des Lenkgestells und die mit ihr bald durch eine Deichsel verbundene erste Kuppelachse.

UNTEN Ein paar Meter weiter steht der linke Wasserkasten lackiert und fertig zum Einbau. Nun sind die Sandkästen bereits fest eingebaut.

OBEN Langsam wird die auf vier Hebeböcken ruhende 66 001 auf ihre Radsätze abgesenkt. Die spätere Lokomotivgestalt wird erkennbar. Von nun an wird es nur mehr wenige Tage dauern, bis die Lok fertiggestellt ist, denn in der Nähe warten diverse Anbauteile auf ihre Verwendung.

LINKS UND UNTEN Das (vordere) Lenkgestell während des Absenkens von vorne gesehen. Unten gleiten die Achslagerführungen auf die Laufachse.

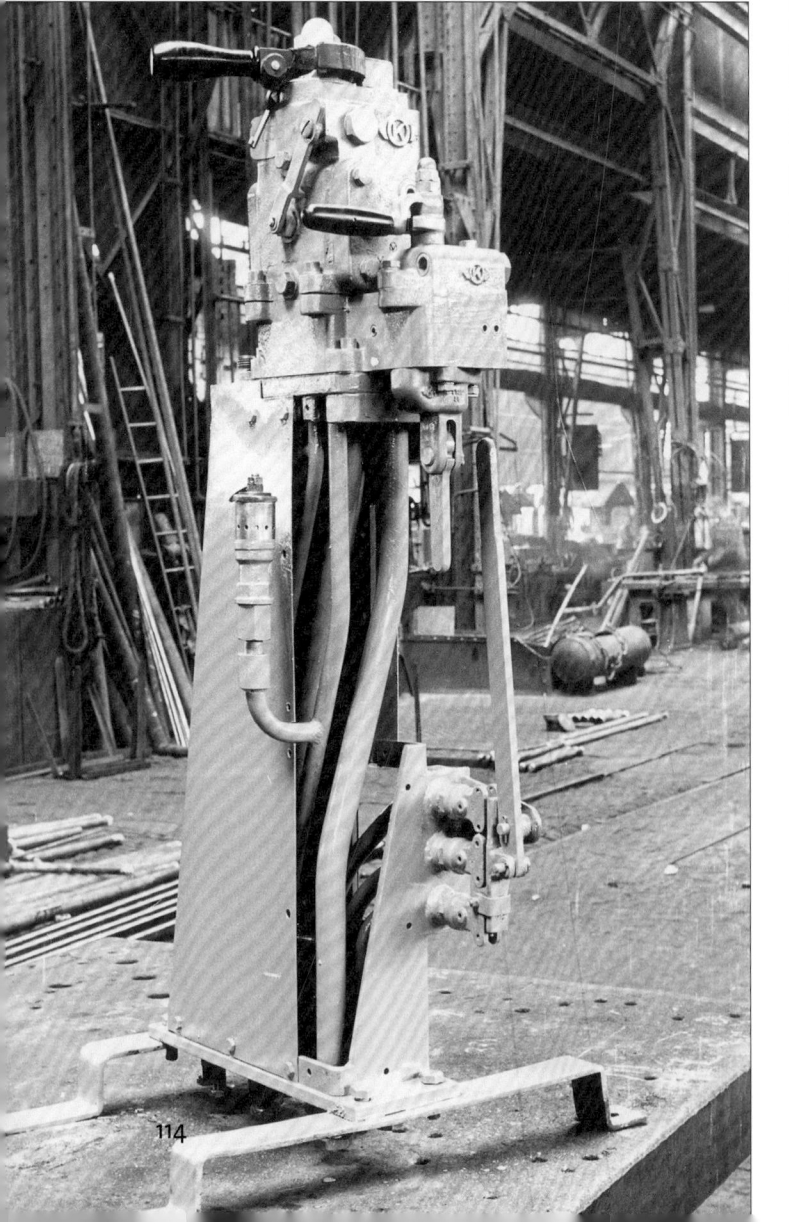

Während der Endmontage der 66 001 entstanden diese Bilder: Oben die Steuerspindel (rechte Lokseite) mit den von ihr betätigten Steuerventilen zur Umschaltung der Rückstellkräfte nach Patent von Friedrich Witte, links die einbaufertige Bremsarmaturensäule mit Knorr-Ventilen und klein das für die Rollenlagermontage nötige Spezialwerkzeug.

OBEN Montage des linken hinteren Stangenlagers und des Antriebes für die Schmierpumpe.

RECHTS Linkes Treibrad mit hinterer Kuppelstange und noch nicht eingehängter vorderer Kuppelstange. Nur an dieser befand sich ein Gleitlager. Die Lagerrollen sind gefettet, so dass man den Deckel des Lagers befestigen kann.

RECHTS Die Spannbuchse des hinteren Treibstangenlagers muss mit einer Hydraulikmutter eingepresst werden (rechte Lokseite).

OBEN Die Kreuzkopflagerung an 66 001 (Lager Bauart SKF). Die am Gegenlenker eingeschlagene Fabriknummer ist gut zu erkennen.

RECHTS 66 001 vor Anbringen der Windleitbleche. Rohrführung und Bauteile des Mischvorwärmers sind gut zu erkennen. Die kleine Turbo-Speisepumpe hängt oberhalb der Laufachse.

LINKS UND UNTEN Drei Ansichten vom Kreuzkopflager (66 001) und vom Einpressen der Gegenlenkerlager (66 002).

117

66 001, die erste deutsche Tenderlok mit Rollenlagern in Achsen und Stangen, bewegt sich erstmals mit eigener Kraft, aufgenommen im Werkshof der Henschel-Stammfabrik am Holländischen Platz in Kassel in der letzten Septemberwoche 1955. Zu dieser Zeit gab es bei der DB an Reisezugloks mit Rollenlagerstangen alter Bauart 01 1100 – 1105. Achslager und Stangenlager neuer Bauart hatten versuchsweise 23 024 und 025, und die Serienfertigung von Rollenlager-23 hatte gerade begonnen.

119

66 001

Ld.1645 e

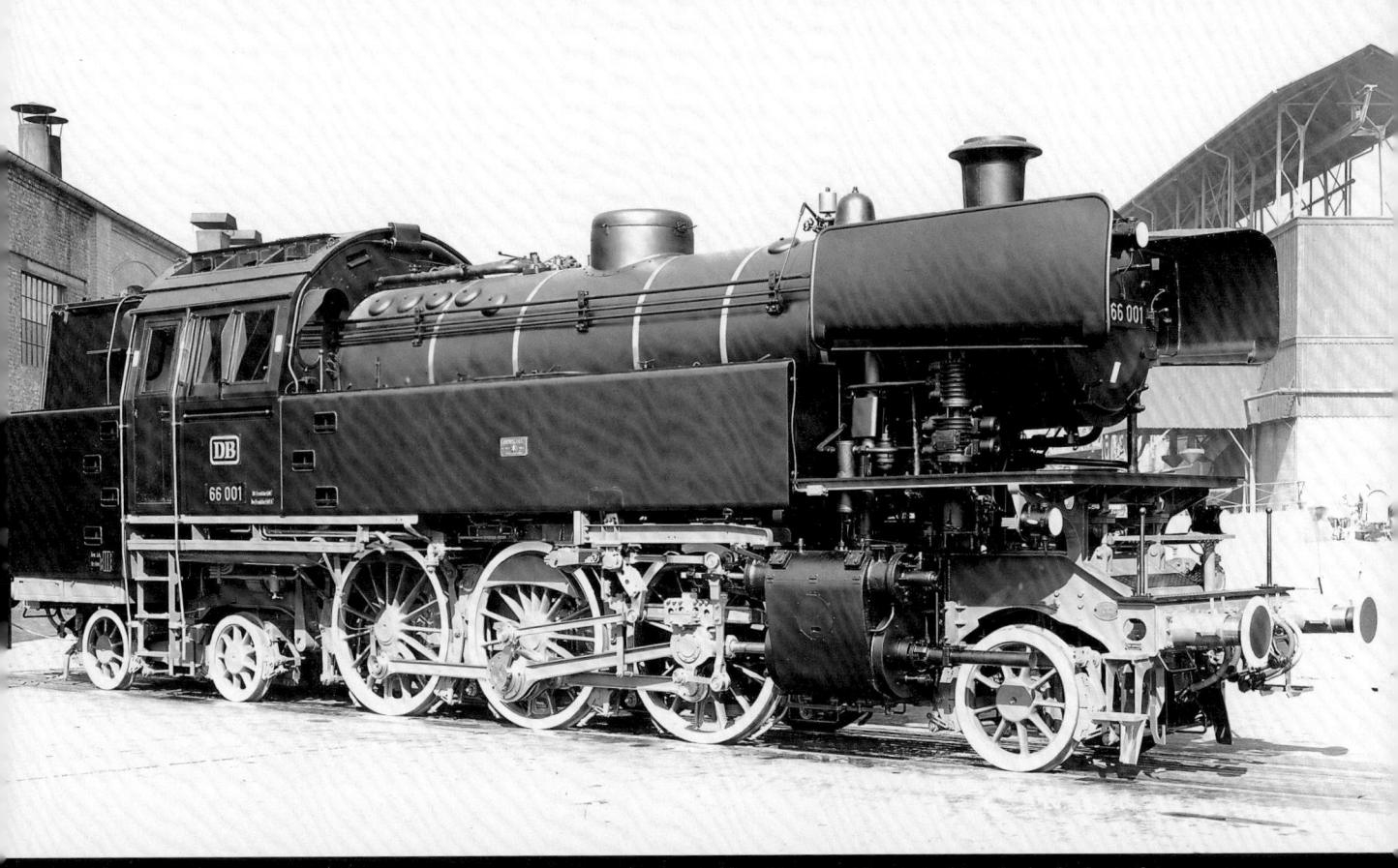

Legendär sind die Paradefotos im Henschel-Hof, wo die nagelneuen Maschinen auf der gedeckten Drehscheibe in fotogene Posen gebracht wurden. Besonders berühmt sind die Bilder von 66 001 in makelloser Maschinenschönheit, aufgenommen in der ersten Oktoberwoche 1955.

Von 66 002 gibt es keine Werks-Paradebilder. Die DGEG-Lok darf aber hier nicht fehlen: 66 002 des Bw Frankfurt (M) um 1957 im Heimat-Bw. Damals sah die Maschine noch fast neu aus, Personale und Bw waren stolz auf sie.

Ld. 1645 c

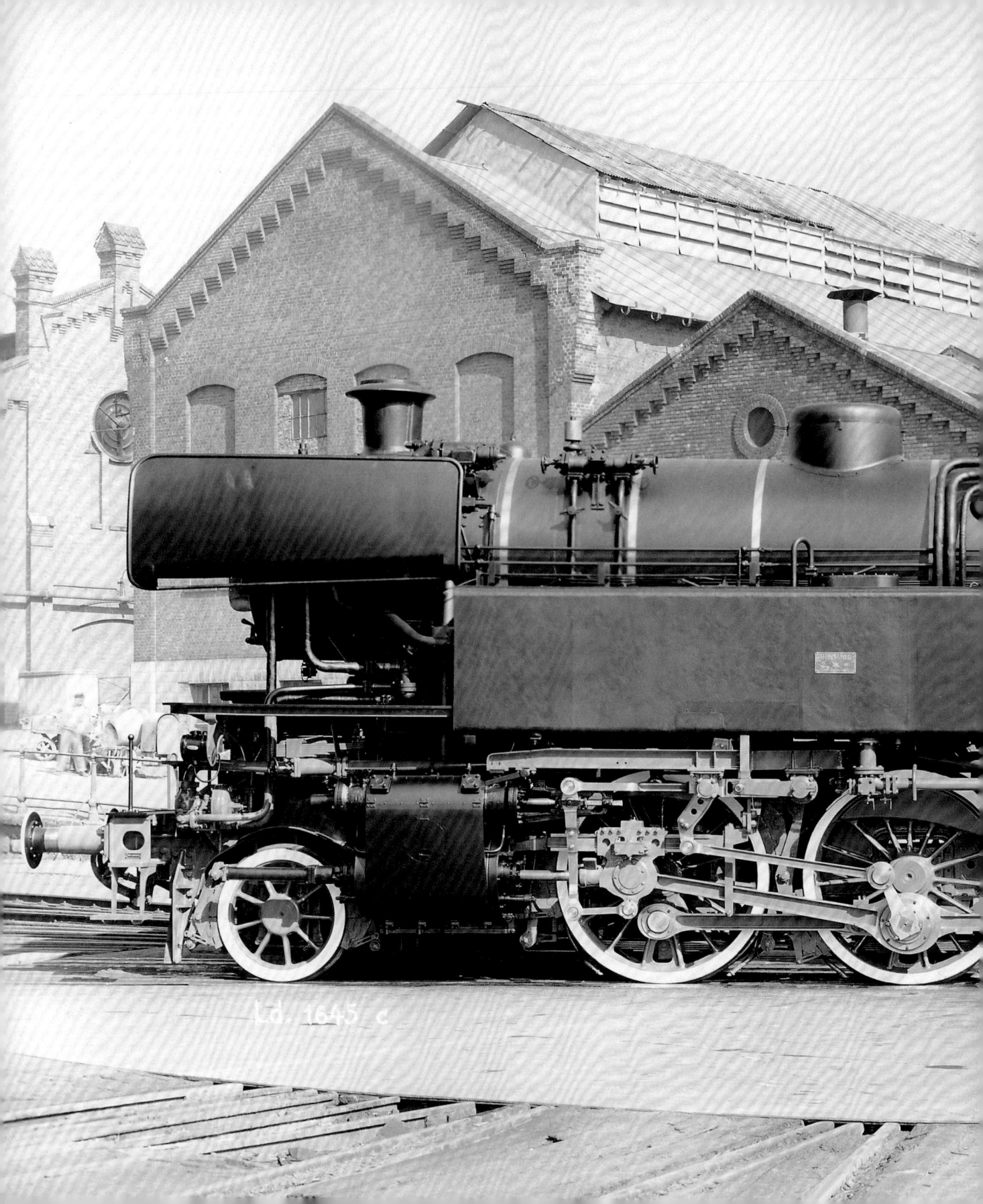

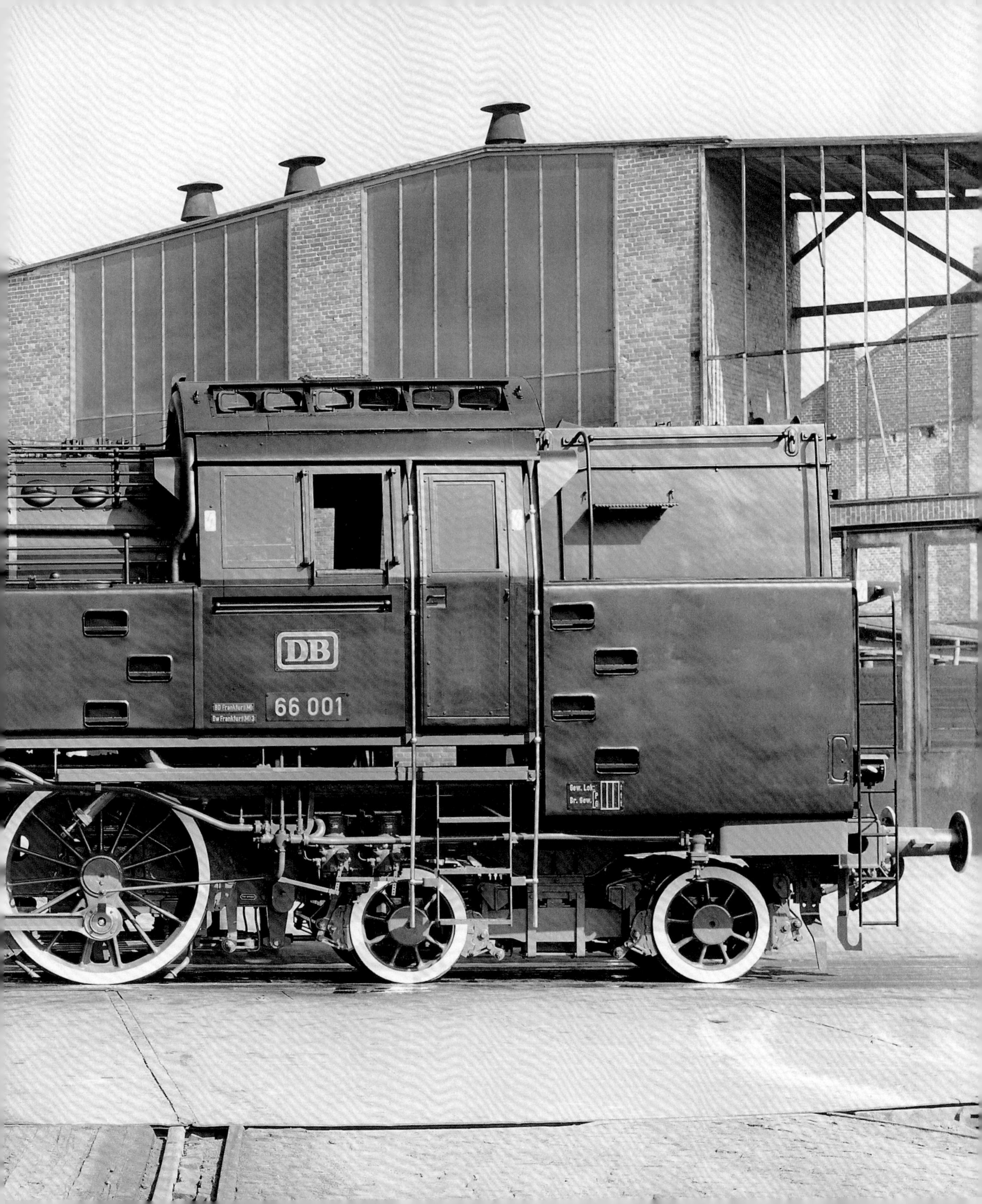
DB
BD Frankfurt (M)
Bw Frankfurt (M) 3
66 001

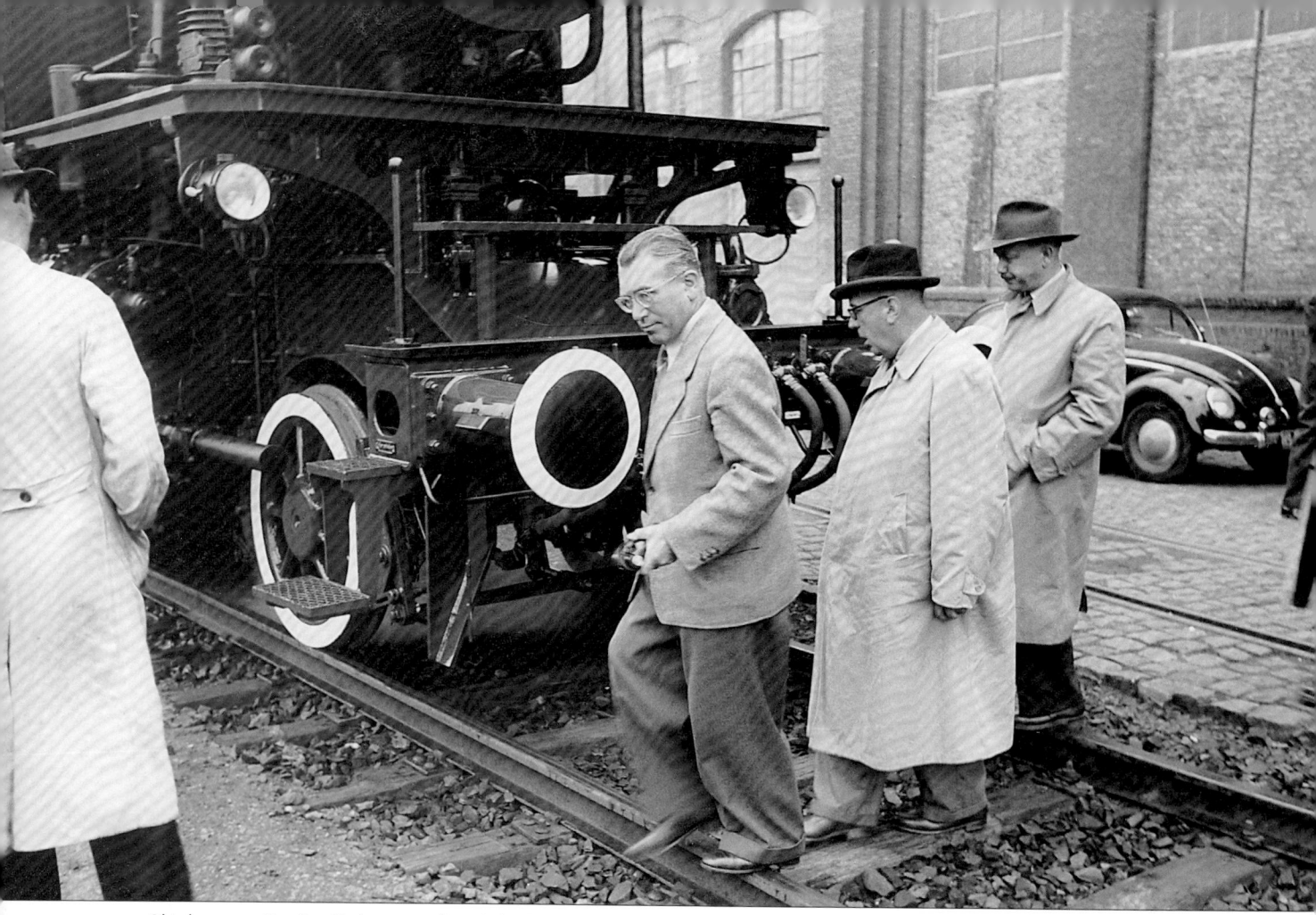

5. Oktober 1955: Der Zugförderungsreferent der DB-Hauptverwaltung Friedrich Flemming (Mitte mit Fotoapparat) und Bauartdezernent Witte aus Minden (Mitte, im langen Mantel) sind im Henschel-Werk eingetroffen, um die Ablieferung der 66 001 mitzuerleben.

Kurze Zeit später ist Witte ganz in seinem Element und erklärt dem sichtlich beeindruckten Flemming die 66er. Die Henschel-Ingenieure, darunter Chefkonstrukteur Bangert (im schwarzen Anzug), halten sich abseits.

Friedrich Flemming hat sich einen Kittel geliehen und die Lok erklommen. Witte (Mitte) schenkt sich das und blickt inmitten der Henschel-Ingenieure scheinbar versonnen auf den Antrieb „seiner" Rückstellkraft-Umschaltung.

Zugförderungsreferent Flemming auf der 66 001 in Lokführerpose. Durchaus dampflokbegeistert führte er ein Jahr später das Ende des Dampflokneubaues herbei. 66 001 und 002 konnte er noch jahrelang als Zeugnis Wittesches Wirkens täglich in Frankfurt antreffen. Mittlerweile hatte er die Devise ausgegeben, um die beiden 66er wie auch „seine 10er" kein Aufhebens mehr zu machen.

Für die wichtigen Gäste von der Bundesbahn setzt sich 66 001 abschließend „zum ersten Mal" in Bewegung. Bald darauf wird sie durch das Tor im Hintergrund auf DB-Gleise überführt werden. Die Gäste dürften hingegen im Verwaltungsgebäude rechts oder in der Kantine links noch zu Kaffee und Kuchen gebeten worden sein.

Baureihe 10

Die längste Entwicklungszeit und die kürzeste Betriebszeit aller Neubaudampfloks der Bundesbahn vereinigte die Baureihe 10. Das eine hat mit dem anderen viel zu tun, denn als man sich nach fünf Jahren endlich für ein Projekt entschieden hatte, stand es schon halbwegs fest, dass den beiden im Sommer 1955 bestellten „Versuchslokomotiven" kein Serienbau mehr folgen würde. Bauartdezernent Witte und HVB-Zugförderungsreferent Flemming (HVB = Hauptverwaltung der Bundesbahn) schoben sich gegenseitig die Verantwortung wie eine heiße Kartoffel zu, kein Wunder, denn für die beiden letztendlich nutzlosen Baumuster hatte die DB fast zwei Millionen Mark ausgeben müssen.

Begonnen hatte alles mit dem zweiten Typenplan von 1950, in dem die Baureihe 10 als 1C1-Zweizylinderlok stand, im Grunde eine in allen Teilen vergrößerte Baureihe 23. Zu dieser Zeit wollte die DB hauptsächlich auf ein dichtes Angebot von Leichtschnellzügen setzen. Als 1952 in Form der Mitteleinstiegswagen die ersten Neubaufahrzeuge in Dienst kamen, war diese Idee schon wieder halbwegs überholt. Für klassische Schnellzüge, also Züge mit 500 bis 600 t Gewicht und Plangeschwindigkeiten von 100 (und bald 120) km/h war eine 1C1 ungeeignet. Die kurzen Treibstangen, die Lager, der Rahmen und der Kessel dieser Grundbauart hätte für Leistungen um 2500 PS so stark gebaut werden müssen, dass das Mehrgewicht auch bei einem Achsdruck von 22 t nicht mehr auf einem fünfachsigen Fahrgestell untergebracht werden konnte.

1952 begann man also neu mit einer klassischen Pazific-Type. Diese sollte von vornherein einen Kuppelachsdruck von mehr als 20 t, einen sehr großen Kessel, möglicherweise ein Vierzylinderverbund-Triebwerk und vielleicht eine Stromlinienverkleidung erhalten. HVB-Mann Flemming setzte sich sehr für eine teilverkleidete Dreizylinderlok ein. Dagegen votierte der Lokomotivausschuss für die Verbund-

OBEN UND LINKS Am 21. März 1957 führte das Herstellerwerk Krupp in Essen die fertiggestellte 10 001 dem Mindener Bauartdezernenten Witte und dem Zugförderungsreferenten der HVB Flemming unter Dampf vor. Ihr gerundetes Blechkleid nach dem Geschmack der Zeit wurde schon damals kritisiert: Sie schöbe eine schwere Walze vor sich her. Heute könnte man sagen: Dies war wirklich eine Wirtschaftswunderlok, so recht passend zum wohlgenährten Bundeswirtschaftsminister Ludwig Erhard, der sich auch dauernd in den Dampf seiner unvermeidlichen Zigarre hüllte. Die Frontalansicht hingegen lässt die Lok wuchtig und eindrucksvoll erscheinen, durchaus passend zu den gerade neu eingeführten Schnellzugwagen.

bauart. Da nicht nur Flemming, sondern auch Witte gegen diese Komplizierung war, entschied sich 1953 die Hauptverwaltung für eine Dreizylinderlok in Teilverkleidung nach dem einzigen vorliegenden Angebot von Krupp. Weitere zwei Jahre gingen mit der Projektverfeinerung ins Land. Weitgehend festgelegt war die Bauart ohnehin, da die HVB entschieden hatte, dass die Ersatzkessel für die Baureihe 01[10] und die 10 in allen wichtigen Bauteilen gleich sein müssten. Als im Sommer 1955 mit dem Bau der Gussformen für den Dreizylinderblock die Bauarbeiten begannen, waren diverse Einzelheiten entweder noch nicht, oder nur provisorisch festgelegt. Die Fa. Krupp sah sich deshalb in den nächsten Monaten dauernd mit Änderungswünschen konfrontiert, deren Ausführung teils Flemming vom Mindener Bauartdezernat forderte, oder die Witte wegen des gewollten Versuchscharakters der beiden Baumusterloks noch ausgeführt sehen wollte.

So waren die Maschinen zunächst mit Kohle- und Ölzusatzfeuerung vorgesehen. Beide Kessel wurden so gebaut, zwei Aschkästen und auch zwei Kohlenvorschub-Anlagen. 1956 wurde entschieden, dass 10 002 die erste DB-Lok mit Ölhauptfeuerung werden sollte. Nur weil die Arbeiten bei Krupp so schleppend voran gingen, wurde dann eilends der Umbau der 01 1100 auf Ölhauptfeuerung verfügt. Gebaut wurden sowohl ein dritter Zylinderblock wie eine zweiteilige Treibachse mit Rollenlager auch für die mittlere Treibstange und ein dritter Schornstein, in dem man eine Kylchap-Saugzuganlage erproben wollte. Diverse kleine Änderungen wie rotierende Klarsichtfenster oder ein Servomotor für die Steuerungsbetätigung kamen hinzu. Mit großem Aufwand verfolgte man das Thema „äußere Gestaltung und Farbgebung". Die gefundene Verkleidungsform kann man als zeittypisch, doch durchaus elegant, den mutlosen Rückzug auf ein schlichtes Schwarz nur als langweilig bezeichnen.

Der Bau von drei im Ganzen gegossenen Zylinderblöcken beim Gussstahlwerk „Bochumer Verein" des Krupp-Konzerns war eine hochkomplizierte Angelegenheit. Allein die Tischlerarbeiten an der für den Guss nötigen Holzform dauerten Monate und waren erst Ende 1955 fertig. Vier Kästen waren nötig für die Modelle. Links stehen die für rechten Außenzylinder und Mittelzylinder, rechts der für den Mittelzylinder.

Dieses Bild lässt erkennen, wie stark der Innenzylinder gegenüber den Außenzylindern nach vorne versetzt war.

Das zerlegbare Holzmodell diente dazu, von den Einzelteilen Lehmformen herzustellen, die sodann in die Gießgrube gestellt und miteinander verschmiert wurden.

Technisch kann man die Lok in Kurzform so charakterisieren: Alle typischen Merkmale der Neubaudampfloks, angesichts des späten Baues verfeinert auf den Standard der letzten 23, darüber hinaus ein von der 01^{10} adaptierter, doch um 0,5 m Wasserraum verlängerter Kessel mit 18 bar Druck, Dreizylindertriebwerk mit Zweiachsantrieb und Langhubsteuerung, gegossener Dreizylinderblock, der zwischen zwei Rahmenteile eingeschweißt wurde, Rollenlager in den Achsen und im äußeren Triebwerk, Ölzusatzfeuerung (10 001), Ölhauptfeuerung (10 002), ein neugestaltetes Führerhaus und ein 40 m³ Wasser fassender Langlauftender.

Im März 1957 war 10 001 fertiggestellt, Ende November 10 002. Sie trugen die Krupp-Fabriknummern 3351 und 3352. Doch erst im März 1958 wurden beide Maschinen abgenommen. Vorausgegangen waren diverse Schäden, Reparaturen, Messfahrten und erste Änderungen. Die messtechnische Untersuchung der 10 001 hatte sich laut Ukas aus Frankfurt auf eine „Funktionsprüfung" zu beschränken. Flemming hatte wegen der hohen Kosten mittlerweile die Lust an „seinem" Projekt verloren und gab die Devise aus, von den neuen Loks „kein Aufhebens mehr" zu machen. Dem Auftrag folgend wurde die tatsächliche Leistungsfähigkeit der BR 10 niemals ausgelotet. Bei einer einzigen Messfahrt fuhr man sie auf 2600 PSi aus, wobei der Kessel nur mäßig belastet wurde.

Im Planbetrieb beim Bw Bebra standen die beiden Loks seit 1958 in einem eigenen Umlauf im Langstreckeneinsatz zwischen Frankfurt (M) bzw. Würzburg und Hamburg-Altona. Häufig fuhren 01^{10} in ihrem Plan mit, denn ihr Einzelgängerdasein führte zu langen Ausbesserungszeiten auch bei kleinen Schäden, weil im Unterhaltungswerk Braunschweig keine spezifischen Ersatzteile vorhanden waren. Leistungsmäßig war die 10 der 01^{10} deutlich überlegen. Sie verfügte über einen nahezu unerschöflichen Kessel, schleuderte wegen ihres hohen Reibungsgewichtes beim Anfahren auch vor schwersten Zügen fast nie, und ihr Beschleunigungsvermögen vor solchen Zügen kann nur als phänomenal bezeichnet werden. Beim Hochbeschleunigen konnte der Lokführer ohne jedes Risiko von Dampfmangel oder Schleudern lange sehr große Füllungen stehen lassen. Hierbei war die Maschine in der Lage, 3300 PSi oder rund 2800 PSe zu entwickeln. Ganz klar und mit weitem Abstand war sie die leistungsfähigste deutsche Schnellzugdampflok, und sie war auch die deutsche Dreizylinderlok mit dem geringsten spezifischen Dampfverbrauch. Mit

129

Die Gießgrube ist fast gefüllt, die Form fast fertig. Von Hand müssen Kleinteile modelliert oder Spalten geschlossen werden.

ihr hatte man gegenüber französischen Konstruktionen wenigstens auf Sichtweite aufgeholt, und gegenüber französischen „Super-Pazifics" brauchte sie sich mit ihrer Leistung nicht zu verstecken. Eingeschränkt wurde ihre Leistungsfähigkeit durch die mangelnde Standfestigkeit des Innentriebwerks, einen Konstruktionsfehler, den die 01^{10} in noch stärkerem Maße besaß. Aus Gründen der Materialschonung war man gut beraten, letztere mit nicht mehr als 2600 PSi und die 10er mit höchstens leicht über 3000 PSi zu fordern.

Ende 1962 wurden beide 10er zum Bw Kassel umbeheimatet und fuhren fortan von dort auf der Main-Weser-Bahn nach Frankfurt (M), nach Bebra und Hannover. Im Herbst 1964 entfielen durch Elektrifizierung die Hannoveraner, im Sommer 1965 die über Gießen nach Süden hinausgehenden Planleistungen. Im Dezember 1966 erlitt 10 002 einen Schaden, der nicht mehr repariert wurde. 10 001 erlebte das Ende des Dampfbetriebes auf der Main-Weser-Bahn und beförderte am 20. März 1967 den Abschieds-Sonderzug. Ab dem nächsten Tag fuhr sie in einem Ein-Tagesplan mit E 387/687 bzw.

E 388/688 zwischen Kassel und Münster. Nach einem kleinen Schaden wurde auch sie am 5. Januar 1968 z-gestellt. Einige Jahre später verkaufte die DB sie an das Deutsche Dampflokomotivmuseum, wo sie noch heute zu besichtigen ist. Im Mai 2007 war 10 001 Stargast beim Treffen aller Neubaudampflok-Baureihen im DGEG-Eisenbahnmuseum Bochum-Dahlhausen. Tausende Menschen kamen und bewunderten vor allem sie.

War die Baureihe 10 Krönung und Vollendung des deutschen Dampflokomotivbaues? Ganz praktisch: Ja. Sie war die stärkste und die letztgebaute Dampfschnellzuglok-Baureihe in Deutschland. Ein Geniestreich konnte sie nicht werden, da ihre ganze Entwicklung nicht zielgerichtet verlief und durch einen jahrelangen Antagonismus zwischen Friedrich Flemming und Friedrich Witte überschattet war. „Blechlok, Sputnik, Leichenwagen", so lauteten die Bezeichnungen der Lokmänner für sie. Einen angenehmeren Arbeitsplatz als auf allen anderen Dampfloks bot sie auch den Spöttern.

OBEN Was im Februar 1956 nach dem Guss aus der Gießgrube gehoben wurde, sah zunächst ziemlich erschreckend aus. Gießkanäle, Befestigungen der Lehmformen und Stützen ließen zunächst eher an die damals noch verschrieene „Moderne Kunst" denken.

Nachdem der Block am Kran hing und auch von unten zu sehen war, konnte man schon besser erkennen, worum es ging. Die beiden Rahmenwangen wurden übrigens mitgegossen, so dass man später das „Rückgrat" der Baureihe 10 aus drei Einzelteilen, dem Vorderteil, dem Block und dem hinteren Rahmenteil zusammenschweißen musste.

OBEN Der schleppende Fortgang des Zylindergusses war der entscheidende Grund für die Verzögerung der Fertigstellung beider 10er. Dieses Bild vom Februar 1956 zeigt den ersten Block im Rohzustand, nachdem Gießkanäle und Stützen entfernt sind.

Nun sind Arbeits- und Schieberzylinder bereits ausgebohrt, und der Block wird „geschrubbt". Weiße Farbe markiert, wo überall noch die Fräse angesetzt werden muss.

März 1956: Der erste der drei Blöcke ist fertig und wird auf Maßhaltigkeit untersucht. Hierfür ist der Block in die Lage gebracht worden, in der er später in der Lok sitzen wird. Die Bohrung des geneigten Mittelzylinders muss exakt zeichnungsgerecht sein. Der dritte Block wurde als Besonderheit auf der „GIFA" 1957 gezeigt und ist verschollen.

Im Dezember 1955 bereits hatte der Bau beider 10er in der „LOWA", der Kruppschen Lokomotivfabrik in Essen begonnen. Hier werden gerade die beiden Stehkessel-Bodenringe geheftet.

Die im Dezember 1955 gefertigte Stehkesselrückwand bestand aus einer großen, in Form gedrückten Platte und dem eingeschweißten Feuerlochausschnitt, in dem der nach innen gedrückte Feuerlochring auffällt. Er wird mit der Feuerbüchse verschweißt werden. Der hintere Teil der Stehkesseldecke ist schon angebracht.

Im Januar 1956 nimmt ein Rahmen bereits Formen an. Die beiden Wangen sind aufgestellt, und offenbar hat man begonnen, die im Vordergrund bereitliegenden Querverbindungen einzuschweißen. Links endet der Rahmen im „Nichts", da der Zylinderblock noch fehlt.

Die Feuerbüchse mit der nach vorne anschließenden riesigen Verbrennungskammer war Hauptgrund dafür, dass der 10er-Kessel als unerschöpflicher Dampferzeuger galt. Im Januar 1956 steht die Feuerbüchse samt angeheftetem Bodenring noch in der Röntgenecke der Kruppschen Lokfabrik

Das Gegenstück der Verbrennungskammer, ebenfalls im Januar 1956 aufgenommen, war der Stehkessel. Um die notwendigen Löcher mit der richtigen Schrägstellung bohren zu können, ist der Stehkessel in ein Drehwerk eingespannt.

Das Längenwachstum der Verbrennungskammer nach vorne war begrenzt durch die Größe des Stehkessels. So eben musste die Feuerbüchse beim Einbringen noch durchpassen, Februar 1956.

Prinzipiell sah der leichte Rahmen des selbsttragenden Tenderwasserkastens ebenso aus wie derjenige der Baureihe 23. Dieser Rahmen hatte nur die Aufgabe, Zug- und Stoßkräfte vom Kasten fernzuhalten und einen stabilen Überbau für die Drehgestelle zu schaffen. Die Last der Vorräte wird durch die nach links und rechts ragenden Kragstücke direkt auf die Drehgestelle abgeleitet, März 1956.

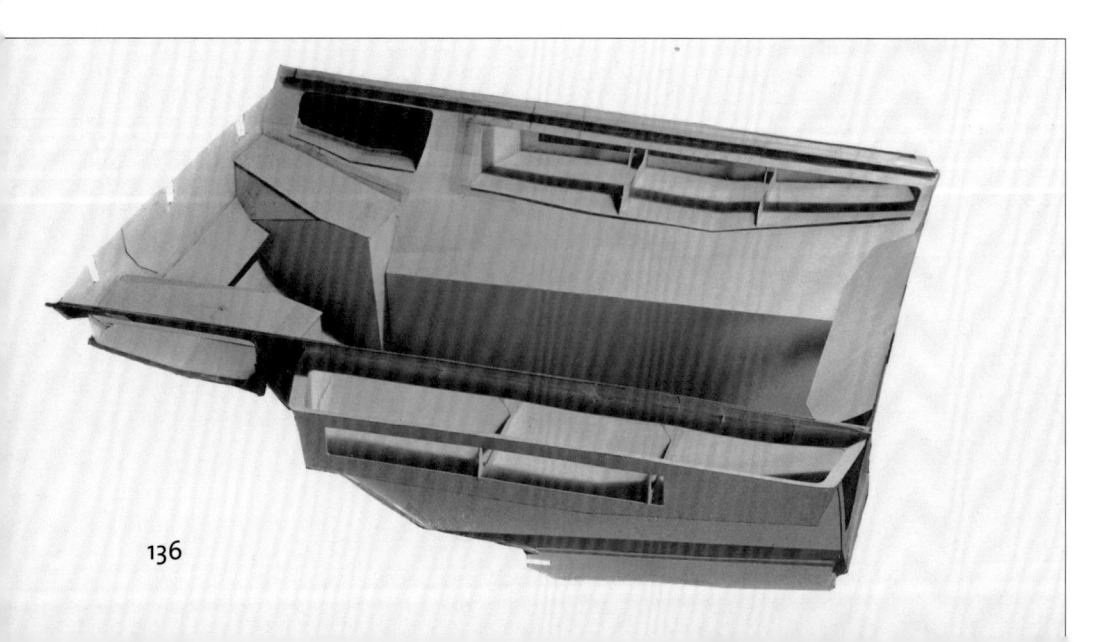

Im Januar 1956 hatte man im Maßstab 1:5 ein Pappmodell des Aschkastens hergestellt, da dessen vielfach gewinkelte Konstruktion auf Zeichnungen kaum eindeutig darzustellen war.

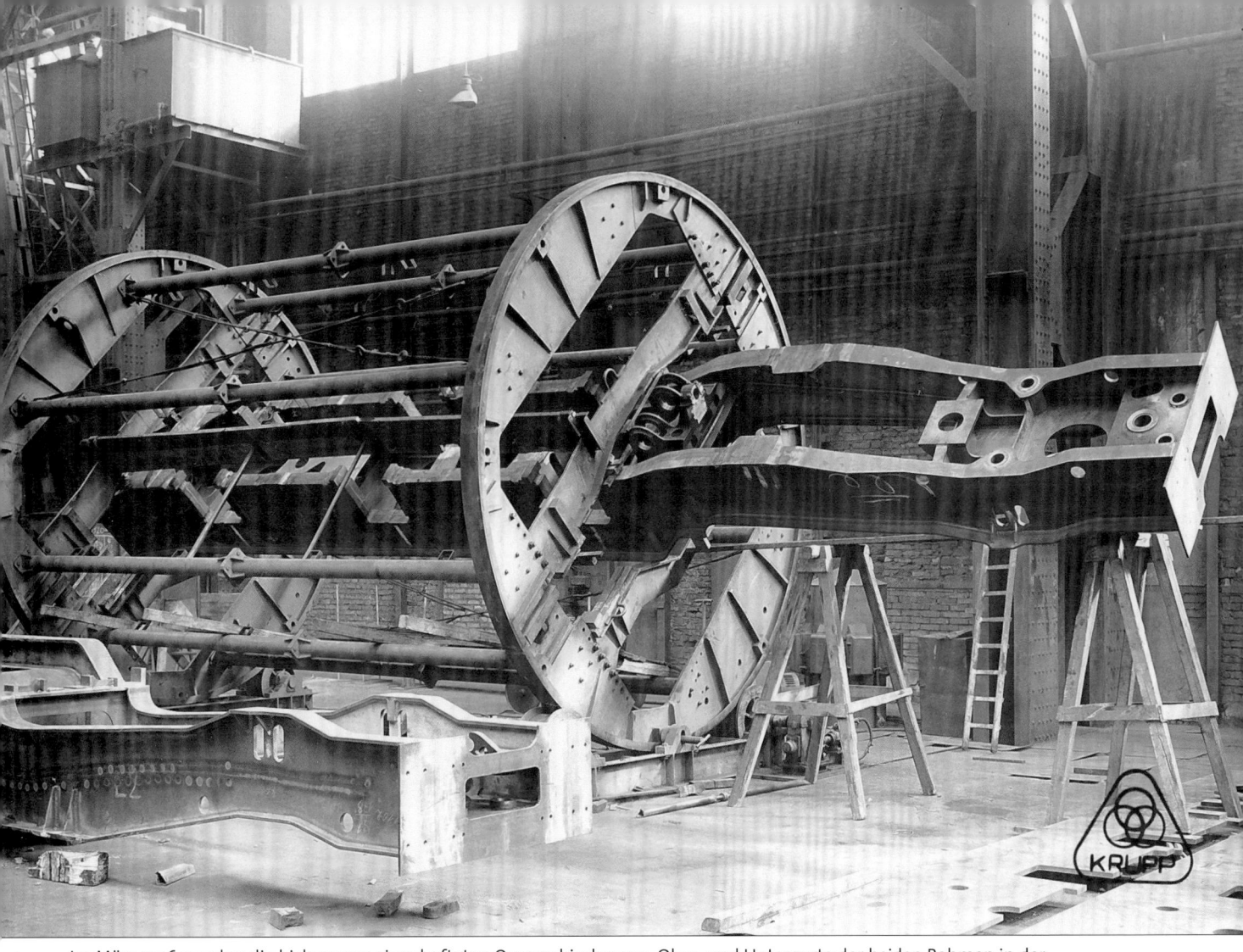

Im März 1956 wurden die bislang nur eingehefteten Querverbindungen, Ober- und Untergurte der beiden Rahmen in der beeindruckenden Schweißvorrichtung fest verschweißt. Unten steht der Rahmen der 10 001.

Im April 1956 endlich traf vom Bochumer Verein der erste Zylinderblock ein.

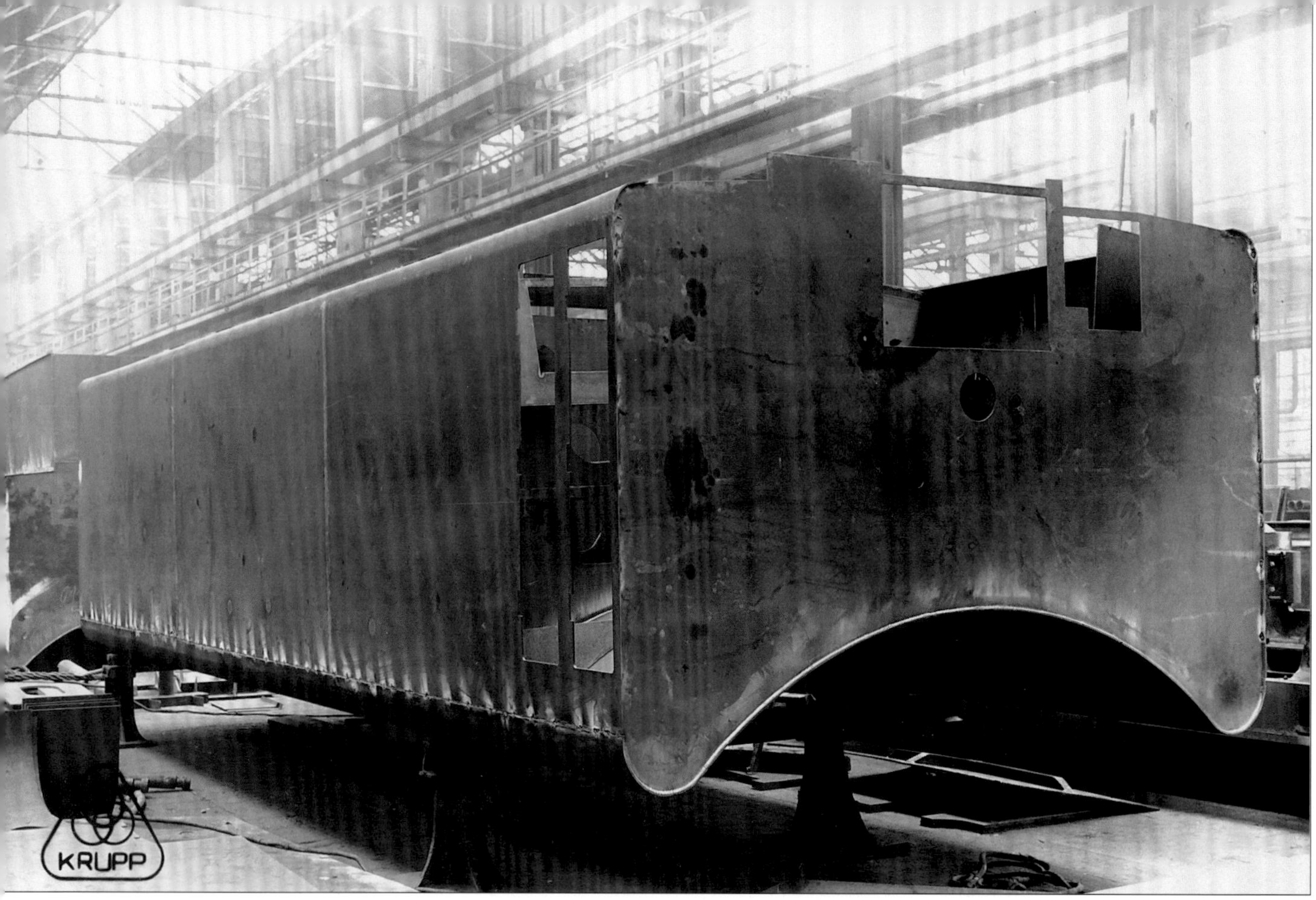
KRUPP

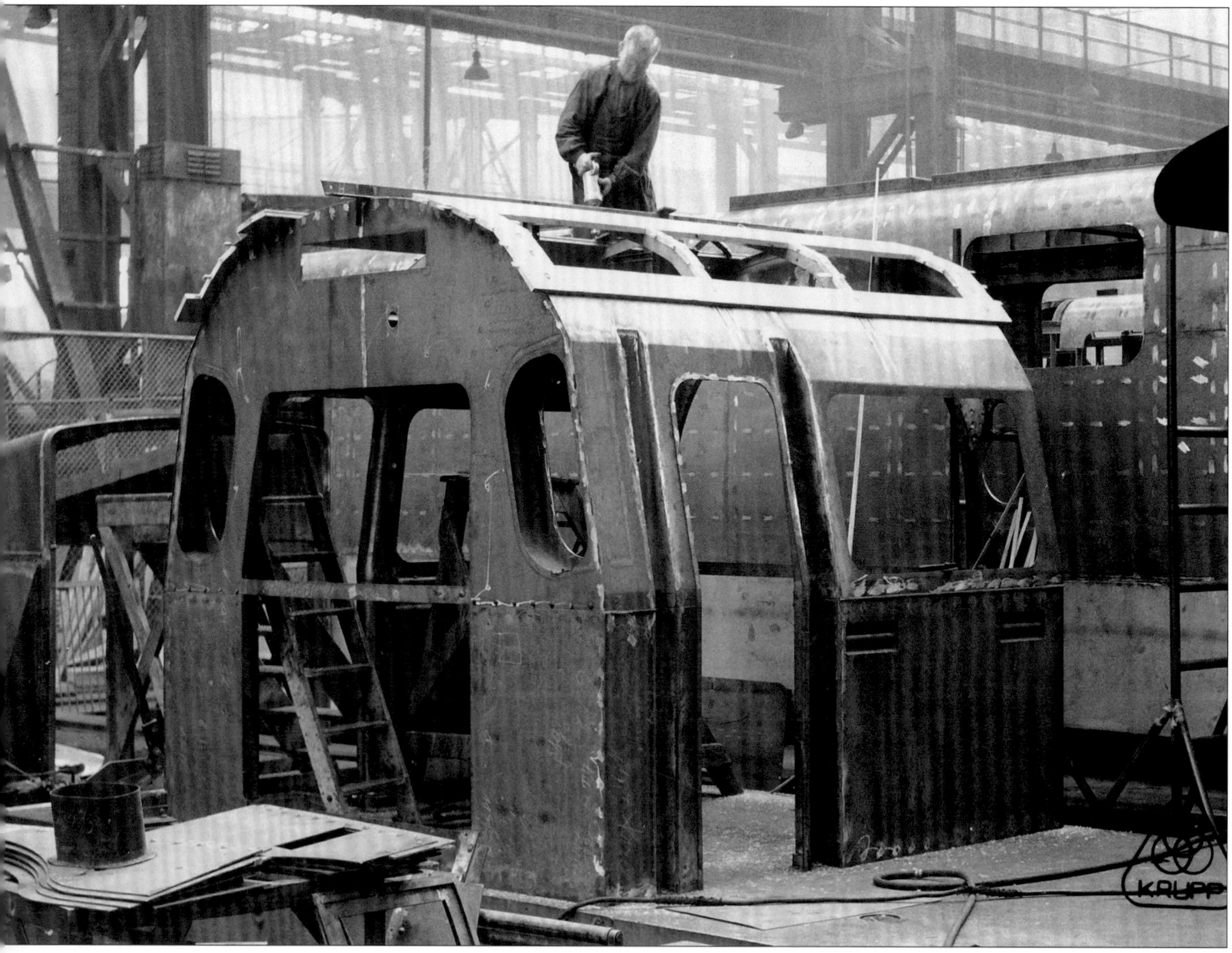
KRUPP

Innerhalb von nur drei Monaten entstanden zwischen April und Juli 1956 die Großteile für beide 10er. Links oben werden im April die beiden Tenderkästen zusammengeheftet. Auch hier gilt es wieder, durch einen Schweißplan Verwerfungen der großen Bleche zu vermeiden. Darunter ist im Mai eines der eleganten Führerhäuser im Rohbau fast fertig. Die Zukunft grüßt dahinter in Form eines E 10-Kastens. Im Juli hingegen ist der Rahmen von 10 001 so weit, dass der Zylinderblock angeschweißt werden kann (Blick von vorne). Der Zylinderblock allerdings ist noch nicht fertig. Das Bild zeigt das Anwärmen einer Zylinderbohrung mittels Gasflammen vor dem Einziehen der Zylinderlaufbuchse.

Am 18. Juli 1956 untersuchte man unter 23,4 bar Wasserdruck den Kessel der 10 001 auf sein Dehnungsverhalten. Damals musste man die abgelesenen Ergebnisse noch von Hand in große Messblätter eintragen. Am Tisch: Konstruktionsleiter Wagner.

OBEN UND RECHTS Nach der Wasserdruckprobe konnte man den Kessel mit Asbestmatten einpacken und die Kesselverkleidungsbleche anbringen. Hier ist deutlich zu erkennen, dass es sich um den Kessel der 10 001 handelt. Nur dieser besaß links und rechts der Feuertür die beiden Durchbrüche für die Brenner der Ölzusatzfeuerung. Am 10 002-Kessel hatte man diese mittlerweile zugeschweißt

Im August 1956 erst schweißte man die Wangen der Tenderdrehgestelle zusammen, die als konstruktiv völlig unproblematisch galten. Die Traghülsen für die Schraubenfedern sind aus Stahlguss und erkennbar in den Drehgestellrahmen hineingeschweißt.

Ein wichtiger Tag und so im deutschen Lokomotivbau nie da gewesen: Am 23. August 1956 wird der gegossene Zylinderblock mit dem Rahmen der 10 001 verschweißt. Die Stellung von beiden Achslagerausschnitten und Zylindermitte wurde zuvor auf der Richtbank exakt definiert und mittels langer Messstäbe festgelegt. Während die Schweißer links und rechts nach dem am Rahmen angezeichneten Schweißplan und nur nach Zuruf ihre Nahtstücke ziehen, wird jeweils der Schweißverzug gemessen und soweit nötig durch Veränderung des Schweißplans korrigiert. Das vorangegangene Anschweißen des vorderen Rahmenstücks hingegen war unproblematisch, weil dort kein Triebwerk absolute Maßhaltigkeit erforderte.

OBEN UND MITTE Noch im August 1956 bearbeitet man den fertigen Rahmen. Nun erst werden die Achslagerführungen auf Maß gefräst, weil endlich die Geometrie von Rahmen und Zylindern genau feststeht. Nach den Achslagerführungen wiederum werden dann die Achslagerkästen bearbeitet. Auch erste Teile des Aufbaues wie Steuerungs- und Führerhausträger sind mittlerweile montiert

RECHTS Im Oktober 1956 erfolgte der Zusammenbau der Radsätze. Ein 2-m-Radreifen wird angewärmt, und gleich wird das Rad hineingesenkt.

OBEN Im Oktober 1956 setzte man sodann den weitgehend ausgerüsteten Kessel auf das Fahrgestell der 10 001. Noch liegen auf dem Kessel die beiden Kranseile, vielleicht ein Hinweis darauf, dass man den Kessel nur zur „Anprobe" aufgesetzt hat und ihn noch einmal abnehmen wird.

UNTEN Ein fertig zusammengesetzter Kuppelradsatz auf dem Bohrwerk. Auch hier gilt es, für die Kurbelzapfen der Kuppelstangen kleinste Maßtoleranzen einzuhalten, da Rollenlager Stichmaßfehler nicht verzeihen

Im November ist der Kessel endgültig fest auf dem Rahmen der 10 001 montiert. Weitere Ausrüstungsteile wie die Luftbehälter und die beiden Brennerzuleitungen am Stehkessel sind hinzugekommen. In diesem Bauzustand ist sozusagen der Rohbau der Lok abgeschlossen, und sie wird nun zur Endmontage transportiert.

Kuppelachsen 1, 2 und 3 (von oben), bereits mit aufgezogenen Rollenlagern.

Im Laufe des November 1956 wurden die Lenkgestelle für beide Lokomotiven hergestellt und zusammengebaut. Hier steht das fertig ausgerüstete Schleppgestell für die 10 001.

Die Klappen der Frontverkleidung entstanden in Handarbeit. Rundungen schweißte man aus Streifen zusammen. Viel Spachtelmasse war nötig, um die nötige Glätte zu erzeugen.

UNTEN 10 001 erhielt einen von einer kleinen Dampfmaschine angetriebenen Kohlenvorschubschild. Man benutzte hierfür gebrauchte Bauteile von abgestellten 45ern mit Stokerfeuerung.

OBEN So langsam wurde im November 1956 die Form der Lokomotive erkennbar. Probehalber baute man die Verkleidungsbleche an, entfernte sie aber nach den erforderlichen Anpassungsarbeiten wieder.

Während das Schleppgestell für die 10 001 im November schon fertig dastand, bearbeitete man den Rahmen des entsprechenden Gestells für 10 002 noch.

Das erste Abfallprodukt! Weil nachträglich entschieden wurde, 10 002 mit Ölhauptfeuerung auszurüsten, blieb der aus Chromstahl gefertigte Aschkasten für sie stehen. Bis zur Umrüstung auch der 10 001 auf Ölhauptfeuerung diente er im AW Braunschweig als Ersatzteilspender.

Im November 1956 erst schweißte man die Tenderdrehgestelle zusammen. Alle vier Gestelle sind hier zu sehen.

Blick auf ein Detail der Kohlenvorschubeinrichtung. Der an der Kohlenkasteninnenseite beiderseits verlegte, im Betrieb natürlich durch Bleche geschützte Kettenantrieb. Darüber verläuft der Zughebel zum An- und Abstellen des Dampfmaschinenantriebes.

Der Kohlenschild-Antrieb in eingebautem Zustand. Auf dem hinteren Teil des Tenders wird der Vorratsbehälter der Ölzusatzfeuerung aufgebaut werden. Unten: Der Tenderkasten ist mit einer Dampfzuleitung versehen worden, mit Kohlen beladen, und knarrend setzt die Dampfmaschine den Vorschubschild in Bewegung.

Am 5. Dezember 1956 senkt sich 10 001 auf ihre Achsen. Es sind mittlerweile bereits so viele Ausrüstungsteile angebaut, dass man zu diesem Zeitpunkt noch für den Dezember mit der ersten Probefahrt rechnet. Friedrich Witte hatte ultimativ die Fertigstellung der Lok noch im Jahr 1956 gefordert.

UNTEN Detail auf der linken Lokseite unter dem Führerhaus. In Bildmitte ist die für alle Neubaudampfloks typische nichtsaugende Strahlpumpe Bauart Friedmann zu erkennen. Der hochformatige Kasten rechts ist das Vorwärmer-Mischgefäß, an den der Wasserheber angebaut ist, der je nach Einstellung Wasser von hier zum Heinl-Mischvorwärmer fördern oder Heißwasser zum Speicher umwälzen konnte. Die Apparatur arbeitete unzuverlässig und wurde bald ausgebaut.

Weitere Bauteile des Mischvorwärmers: Oberhalb des Zylinderblocks der Warmwasserspeicher und davor die zweistufige Mischvorwärmer-Speisepumpe

Wie die Stromlinien-01¹⁰ besaßen die Tender der Baureihe 10 hinten eine Verkleidung, um sie eng an den Wagenzug anzuschließen. Auch hier steckten hinter zwei Türen Aufstiegsleitern.

Am 21. Januar 1957 überstand 10 001 die erste Hürde für die Inbetriebnahme. Unter eigenem Dampf wurde sie dem DB-Abnahmeingenieur auf den weitläufigen Werkbahnanlagen der Lokfabrik vorgestellt. Unter Volldampf und mit angezogener Bremse wurden Probefahrten und –Bremsungen vorgenommen. Anschließend erhielt 10 001 die Erlaubnis, für Probefahrten Bundesbahngleise benutzen und auch Züge befördern zu dürfen.

Rohre und Apparate für Bremse und Indusi unter dem Führerhaus, normalerweise von der Verkleidung verdeckt.

OBEN Am 8. Februar 1957 unternahm 10 001 eine Probefahrt nach Düsseldorf. Das Bild zeigt sie bei der Rückkunft auf dem Krupp-Werksgleis zum Bahnhof Essen Nord. Zunächst verliefen die Probefahrten absolut unbefriedigend, da die Lok nicht richtig eingestellt war, viel Wasser verbrauchte und auch dauernd kleinere Schäden auftraten.

Endlich fertiggestellt: Die Verkleidung ist angebracht und geputzt, frische Pufferringe glänzen. 10 001 steht im März 1957 kalt im Anheizschuppen der Lokfabrik in Erwartung des „hohen Besuchs" von der DB, der sich zur Ablieferung der Lok an den Betrieb angesagt hat. Aus dieser Perspektive wirkt 10 001 höchst elegant.

Wie auf Seite 127 schon angesprochen wurde 10 001 am 21. April 1957 den bei der DB mit ihr Befassten, Friedrich Witte aus Minden und Friedrich Flemming aus Frankfurt vorgestellt. Neben dem Anheizschuppen der Kruppschen Lokfabrik entstanden die drei Bilder dieser Doppelseite: zunächst die Lok in langsamer Bewegung (links oben) mit Friedrich Witte rechts im hellen Mantel, darunter in Ganzansicht mit geöffneter Frontverkleidung, und rechts eine Detailansicht davon. Die Verkleidung konnte man unten mit einem langen Vierkant entriegeln und dann zur Seite schieben. Die unpraktisch dahinter versteckte Aufstiegsleiter dürfte nicht häufig benutzt worden sein.

155

Noch ein weiteres Bild von der Vorstellung der 10 001 am 21. März 1957. Die Lok war übrigens komplett mit SKF-Rollenlagern ausgerüstet, anders als 10 002, die komplett mit FAG-Lagern ausgestattet war. Die rollengelagerten Maschinen waren so leichtgängig, dass sie von ein paar Männern mit einer Knippstange in Bewegung versetzt werden konnten.

Für die 10 001 wurde von der Fa. SKF eine zweiteilige erste Kuppelachse geliefert, die in der Kröpfung ein Rollenlager für die innere Treibstange trug und mit dem SKF-Druckölverfahren ineinandergesetzt wurde. Hier ist eine Hälfte der Achse samt dem Treibstangenkopf mit Pendelrollenlagern zu sehen. Zu einem Einbau kam es vorläufig nicht, da die Achse stark verspätet in Essen eintraf. Probeweise wurde die Achse bei Krupp ineinandergesetzt und wieder getrennt. Dabei entstanden die folgenden Aufnahmen.

Geteilte Kropfachse, rechte Kurbel auf Prisma ausgerichtet und festgespannt.

10 001, Zusammenschrumpfen der Rollenlagerkropfachse. Um die innere Treibstange ohne Demontieren der Achse ausbauen zu können, waren Stange und hinterer Stangenkopf getrennt und wurden zusammengeschraubt.

Geteilte Kropfachse, nun mit festgeschraubter Treibstange.

Geteilte Kropfachse – die Achs-Wälzlager sind aufgezogen. Es fehlen noch die äußeren Lagerkäfige.

Die geteilte Kropfachse während der Zerlegung. Der Pressverband wird durch handbetätigte Ölinjektoren aufgeweitet. Nachdem als zweite Möglichkeit die Verwendung der Achse in 10 002 vorgesehen und extra ein zweiter SKF-Kreuzkopf angeschafft worden war, baute das AW Braunschweig die Achse doch am 24. September 1959 in 10 001 ein. Im Mai 1960 musste man die Achse wieder ausbauen, nachdem sie sich verdreht und die vorderen Kuppelstangen verbogen hatte.

Die technischen Daten im Vergleich

Lok		10 001[1]	23 001	23 024/25 nur Abweichungen	65 009[2]	66 001	82 023[3]
Zylinderzahl		3	2		2	2	2
Zylinderdurchmesser	mm	480	550		570	470	600
Kolbenhub	mm	720	660		660	660	660
Laufraddurchmesser vorne	mm	1 000	1 000		850	1 000	–
Achsstand des Drehgestelles	mm	2 250	–		2 200	2 200	–
Treibraddurchmesser	MM	2 000	1 750		1 500	1 600	1 400
Schleppraddurchmesser	mm	1 000	1 250		850	850	–
Fester Achsstand	mm	4 600	2 000		3 500	1 850	0
Gesamtachsstand	mm	12 525	9 900		11 975	11 050	6 600
Länge der Lok	mm	16 039	12 865		15 475	14 798	14 060
Kesselmitte über S.O.	mm	3 250	3 325		3 250	3 185	3 100
Dampfüberdruck	atü	18	16		14	16	14
Wasserraum des Kessels	m³	11,5	7,35		7,20	5,71	6,30
Dampfraum des Kessels	m³	5,78	2,85		2,92	1,85	1,70
Verdampfungsoberfläche	m²	15,15	10,7		9,78	7,60	8,30
Kesselinnendurchmesser	mm	1 897/2 000	1 716 / 1 863		1 670 / 1 770	1 452 / 1 570	1 572
Kesselleergewicht ohne Ausrst.	t	25,22	21,0		17,5 (17,6)	13,1	15,7
Kesselleergewicht mit Ausrst.	t	32,79	23,9		20,1 (20,3)	15,5	18,2
Länge der Verbrennungskammer	mm	1	122	840	543	815	–
Rostlänge	mm	2 475 (–)	1,992		1 920	1 630	1 992
Rostbreite	mm	1 598 (–)	1,562		1 392	1 200	1 200
Rostfläche	m²	3,96 (–)	3,12		2,67	1,96	2,39
Feuerrauminhalt	m³	9,3 (9,87)	5,99		4,93	3,668	4,26
Strahlungsheizfläche (fb)	m²	22,0	17,10		14,80	11,40	12,60
Rohrlänge	mm	5 500	4 000		4 000	3 600	4 000
Zahl Heizrohre		109	130		124	70	115
Heizfläche der Heizrohre (fb)	m²	92,3	64,53		61,55	31,37	57,08
Zahl Rauchrohre		44	54		46	36	38
Heizfläche der Rauchrohre (fb)	m²	102,1	74,65		63,58	44,79	52,53
Rohrheizfläche	m²	194,4	139,18		125,16	76,16	109,61
Verdampfungsheizfläche (fb)	m²	216,4	156,28		139,93	87,46	122,21
Heizflächenverhältnis[4]		1 : 8,84	1 : 8,14		8,46	6,68	8,7
Zahl der Überhitzerelemente		44 (43)[5]	54		46	36	38
Überhitzerheizfläche (fb)	m²	105,7 (103,2)	73,8		62,9	45,13	51,9
Vorwärmer		Heinl-MV (MV57)	Knorr-OV	He-MVC	He-MVT	He-MVT	–
Leergewicht	t	107,39 (108,9)	74,450	75,160	80,685 (81,226)	69,668	6966
Dienstgewicht	t	119,78 (118,9)	82,545	84,455	107,68 (108,140)	93,94	91,78
Verstellbarer Achsdruck		–	bei 19 t	bei 17 t	–	–	–
Reibungsgewicht	t	66,90 (65,6)	55.688	49,982	57,940	67,665 (69,07)	47,23	91,78
Achslasten betriebsfähig L	t	16,59 (16,5)	13,213	16,067	14,598	11,836 (11,820)	15,192	–
L	t	16,59 (16,5)	–	–	–	–	–	–
K 1	t	22,54 (22,4)	18,643	16,693	19,488	16,843 (16,780)	15,551	18,14
K 2	t	22,32 (22,2)	18,442	16,615	19,420	16,908 (16,795)	15,811	18,01
K 3	t	22,04 (21,0)	18,603	16,674	18,232	16,978 (16,705)	15,867	18,33
K 4	t	–	–	–	–	16 936 (16,790)	–	18,87
K 5	t	–	–	–	–	–	–	18,43
L	t	20,10 (20,3)	13,644	16,496	12,717	14,092 (14,490)	15,758	–
L	t	–	–	–	–	14,092 (14,760)	15,758	–
Zul. Höchstgeschwindigkeit vw.	km/h	140	110		85	100	70
Zul. Höchstgeschwindigkeit rw.	km/h	120	85		85	100	70
Kleinster Krümmungshalbmesser	m	140	140		140	140	140
Zugkraft 1,5 x 0,8 pk	kg	17 900	14 600		16 010	11 660	19 000
Leistung	PSi	3 030	1 785		1 430	1 170	1 290
Günstigste Geschwindigkeit	km/h	100	75		60	70	45
Tender							
Raddurchmesser	mm	1 000	1 000		–	–	–
Achsstand eines Drehgestells	mm	2 100	1 900		–	–	–
Gesamtachsstand	mm	6 600	5 700		–	–	–
Leergewicht etwa	t	35,5 (30,3)	23,0		–	–	–
Wasservorrat	m³	40,0	31		14,0	14,3	11
Kohlenvorrat	t	7,9 (–)	8		4,8	5,0	4
Ölvorrat	t	4,5 (12,5)	–		–	–	–
Dienstgewicht etwa	t	87,89 (82,3)	62,0		–	-	–
Achslasten betriebsfähig T 1	t	21,18 (21,35)	15,6		–	–	–
T 2	t	22,21 (21,35)	15,6		–	–	–
T 3	t	22,2 (21,98)	15,4		–	–	–
T 4	t	22,28 (19,8)	15,4		–	–	–
Lok und Tender							
Dienstgewicht	t	207,67 (201,2)	144,545	146,455			
Achsstand	mm	22 185	17 625				
Länge über Puffer	mm	26 503	21 325				

1) Klammerwerte für 10 002 (Ölhauptfeuerung)
2) Klammerwerte für 65 014 – 018 (Bauart 1953)
3) Die Gewichte der Loks mit Oberflächenvorwärmer oder der Bauart 1953 mit Mischvorwärmer sind nicht bekannt. Das Gewicht der MV-Loks dürfte ca. 1 t höher sein, das der OV-Loks um ca. 1,5 t. Die Loks wurden bei der Abnahme gewogen, doch nicht nach normierem Verfahren. 82 020 hatte danach ein Dienstgewicht von 92,585 t und Achsdrücke von 17,95, 17,98, 18,11, 19,335, 19,21.
4) Verhältnis Strahlungsheizfläche zu Rohrheizfläche
5) ein Überhitzerelement für Brennerheißdampf abgezweigt

Heizrohr-Durchmesser BR 10: 54 x 2,5 mm · Heizrohr-Durchmesser BR 23, 65, 66, 82: 44,4 x 2,5 mm · Rauchrohr-Durchmesser BR 10: 143 x 4,25 mm · Rauchrohr-Durchmesser BR 23, 65, 66, 82: 118 x 4 mm Überhitzerrohr-Durchmesser BR 10: 38 x 4 mm · Überhitzerrohr-Durchmesser BR 23, 65, 66, 82: 30 x 3,5 mm · Diese Aufstellung beruht auf Angaben aus dem Merkbuch DV 939c der Ausgabe 1953 und den Dienstbeschreibungen DV 930 der fünf Baureihen.

Mehr Lesestoff

Die Dampflokomotiven der WLE

Die Westfälische Landeseisenbahn galt lange Zeit als die größte Privatbahn Deutschlands. Zeitweise standen bei der WLE über 60 Dampflokomotiven im Einsatz, darunter herausragende Konstruktionen. Die letzte WLE-Dampflok wurde 1971 ausgemustert und verschrottet. Das Buch stellte alle Typen in Zeichnungen, Fotos, Tabellen und kurzen Texten vor.

Friedrich Risse, Günter Krause: Die Dampflokomotiven der WLE (Fahrzeuge und Anlagen der Westfälischen Landes-Eisenbahn, Band 1), 120 Seiten im Format 24 x 22 cm, fester Einband, ca. 130 Zeichnungen und Fotos, ISBN 978-3-937189-25-3, **24,80 Euro**

In Vorbereitung

In der Reihe „Fahrzeuge und Anlagen der Westfälischen Landes-Eisenbahn" sind noch folgende Bände in Vorbereitung:
- Diesellokomotiven und Triebwagen der WLE (vss. Frühjahr 2009)
- Wagen und Hochbauten der WLE

Die Eisenbahn in Minden und im Mühlenkreis

Als Verknüpfung der berühmten Köln-Mindener und der Hannoverschen Staatsbahn erlangte Minden herausragende Bedeutung im deutschen Eisenbahnnetz. Im Laufe der Zeit kamen im heutigen „Mühlenkreis" weitere Staatsbahnstrecken hinzu. Ergänzend erschloss die Mindener Kreisbahn das Land. Vorgestellt werden auch: Bw und BZA Minden, das Lokversuchsamt, die Museumseisenbahn Minden etc.

Garrelt Riepelmeier, Ingrid und Werner Schütte: Die Eisenbahn in Minden und im Mühlenkreis. 192 Seiten mit ca 220 Abb., z.T. in Farbe, Format 24 x 22 cm, fester Einband, ISBN 978-3-937189-31-4, **29,80 Euro**

Die Eisenbahn in Lippe

Der Kreis Lippe, einst selbstständiges Fürstentum, hat in Sachen Eisenbahn selten für Schlagzeilen gesorgt. Zu entdecken gibt es hier gleichwohl eine Menge: die Hannover-Altenbekener Eisenbahn, die Hauptbahn Herford – Altenbeken, die Nebenbahn Bielefeld – Lemgo, die Externbahn und allerlei Dinge mehr.

Garrelt Riepelmeier: Die Eisenbahn in Lippe, 166 Seiten, 24 x 22 cm, ca. 150 Abb., fester Einband, ISBN 978-3-937189-17-8, **24,80 Euro**

Kohle, Stahl und Eierköpfe

Die Siebzigerjahre: An Rhein und Ruhr bestimmt der hämmernde Takt der Montanindustrie das tägliche Leben, Fördertürme, Hochöfen, Dampfwolken und Rauchfahnen dominieren das Bild des Reviers. Dazwischen fahren die Züge der Bundesbahn in unvergleichlicher Vielfalt: alte Dampfloks und Ellok-Veteranen Seite an Seite mit modernen Schnellfahrloks, typische Ruhrschnellverkehr-Triebwagen (die legendären „Eierköpfe") und erste S-Bahnen, dazwischen frische rote Dieselloks, die kräftige Akzente setzen. Dieser Farb-Bildband hält ein verlorenes Stück Eisenbahn- und Regionalgeschichte fest.

Wolf-Dietmar Loos: Kohle, Stahl und Eierköpfe – Die Bundesbahn im Ruhrgebiet in den Siebzigerjahren; ca. 108 Seiten im Format 22 x 24 cm, ca. 110 Abbildungen in Farbe, fester Einband; ISBN 978-3-937189-36-9, **24,80 Euro**

In Standardwagen und Schüttelrutsche

Die siebziger Jahre – noch kocht der Pott, und noch kann man mit der Straßenbahn über Tage mitten durch Duisburg oder Essen, Bochum oder Dortmund fahren.

Dieser Farb-Bildband berichtet von Zeiten, als es in den Straßen der Innenstädte noch bimmelte, aber man mit der Straßenbahn im Nordwesten des Reviers auch noch geruhsam übers platte Land zuckeln konnte.

Wolf-Dietmar Loos u. a.: In Standardwagen und Schüttelrutsche – mit der Straßenbahn durchs alte Revier. 108 Seiten, Format 24 x 22 cm, fester Einband, ca. 110 farbige Abb., ISBN 978-3-937189-20-8, **24,80 Euro**

Kleine Eisenbahngeschichte des Ruhrgebiets

Das Ruhrgebiet gehört zu den am dichtesten von Eisenbahnen durchzogenen Regionen der Welt – auch heute noch. Die kompakte, reich bebilderte Führer gibt einen Überblick zu den wichtigsten Verbindungen, nennt Eröffnungs- und Stilllegungsdaten von Strecken und Bahnhöfen und zeigt die Hauptzüge der Verkehrsgeschichte auf – von 1840 bis heute.

Sönke Windelschmidt, Wolfgang Klee: Kleine Eisenbahngeschichte des Ruhrgebiets, 160 Seiten mit ca. 150 Abb., 16,5 x 23,5 cm, fester Einband, ISBN 978-3-937189-13-0, **19,80 Euro**

Im Buchhandel oder bei

DGEG Medien GmbH
Nordstraße 32
33161 Hövelhof

Telefon (0 52 57) 9 35 29 10
Telefax (0 52 57) 9 36 98 79
E-Mail medien@dgeg.de

DGEG Medien